호텔외식 구매관리론

박대환, 공기열 공저

기문사
www.kimoonsa.co.kr

머리말

21세기 정보화시대를 맞이하여 우리사회는 모든 산업에서 과학적이며 전문적인 지식을 급속도로 필요로 하게 되었고, 동시에 국제사회에서는 유가의 급등으로 원자재 가격이 앙등함에 따라 세계 각국은 저마다 자기나라의 경제에 미칠 영향을 최소화하기 위해 밖으로는 원자재 확보를 위해, 그리고 안으로는 정부와 기업 모두가 원가절감을 위해 사활을 걸고 보이지 않은 전쟁을 하고 있다.

이에 따라 자재구매 업무는 원자재 확보, 원가절감 및 품질혁신 등을 통해 매출증대와 함께 마치 수레의 두 바퀴처럼 기업의 생존을 유지, 발전시키는 견인차로서 결정적인 역할을 하고 있다.

이러한 현상은 오늘날 날로 발전해 가는 호텔산업 및 외식산업에서도 예외가 될 수 없다. 이에 따라 저자들은 지금까지 이 분야에 대한 교재가 매우 부족한 점을 깨닫고, 지금까지 국내외의 훌륭한 저서들을 기초로 하여, 약 20여 년 동안 호텔산업에 몸담아 오면서 축적된 지식과 경험을 바탕으로 가능한 실무적인 내용을 담아 이 분야를 공부하는 학생들에게 체계적이고 구체적인 내용을 전달하고자 노력하였다.

그러나 본 저서의 내용은 저자들의 성의와 노력부족으로 아직 많이 개선되어야 할 것으로 생각하며, 최대한 빨리 보완해 나갈 예정이다. 이에 대한 강호제현의 가감없는 지도와 편달을 기대한다.

참고로 졸저의 명칭을 『호텔외식구매관리론』으로 정한 것은 외식산업의 근원을 호텔산업의 조리분야에서 찾을 수 있으며, 외식산업에서 필요로 하는 식재료의 구매, 검수 및 창고관리 등과 관련한 제반 업무는 규모에 따라 다소 다를 수는 있으나 호텔산업의 그것과 대동소이한 면이 많으므로 외식산업에서도 본 교재가 유용하게 활용될 수 있으리라고 생각하기 때문이다.

끝으로 본 졸저가 나오기까지 애써주신 기문사의 사장님과 임직원 여러분들께 감사드리며, 아울러 원고작업에 도움을 준 민성, 윤하, 미경, 형진, 미영, 선정, 상현, 윤민, 재우, 재석 등 많은 사람들에게 진심으로 고마움을 표한다.

2018년 여름

저자 일동

목차

1장 구매관리의 기초 11

1절 구매관리의 의의 12

2절 구매관리의 발전과정 14

1. 2차 세계대전 이전_14
2. 2차 세계대전 이후_18

3절 구매관리의 중요성 21

1. 구매관리의 목적_21
2. 구매관리의 효과_22

4절 구매관리의 미래 24

1. 구매범위의 확대_24
2. 총비용 개념의 강화_25
3. 전자상거래의 활성화_25
4. 환경을 고려한 구매_26

2장 구매행동론 31

1절 구매의사 결정과정 32

1. 문제의 인식_33
2. 정보의 탐색_34

3. 대안의 평가_35
4. 구매_35
5. 구매후 행동_36

2절 구매가격 37

1. 가격의 개념과 역할_37
2. 가격의 종류_38
3. 가격의 결정_39

3장 유통과 시장조사 43

1절 일반적 유통 44

1. 유통의 의의_44
2. 유통경로의 형태_46
3. 시장의 변천과정_47
4. 시장의 역할_49
5. 중간상인의 역할_50
6. 중간상인의 송류_51

2절 식품의 유통 56

1. 식품 유통의 특성_56
2. 농수산물의 유통마진_58
3. 식품시장의 종류_59

3절 시장조사 66

1. 시장조사의 의의_66
2. 시장조사의 원칙_67
3. 시장조사의 종류_68
4. 시장조사의 방법_69

4장 구매의 유형 73

1절 집중구매와 분산구매 74

1. 집중구매_74
2. 분산구매_75

2절 수시구매와 정기구매 76

1. 수시구매_76
2. 정기구매_77

3절 기타의 구매유형 77

1. 예측구매_77
2. 공공구매_78
3. 시장구매_78
4. 리스_79

5장 구매계약 83

1절 계약의 효력 발생 84

2절 계약의 효력 소멸 85

3절 구매계약의 방법 86

1. 일반경쟁계약_87
2. 지명경쟁계약_91
3. 수의계약_92

6장 구매현황 111

1절 구매조직 112

1. 구매조직의 유형_112

2. 직무내용_114
3. 구매담당자의 자격요건_116
4. 윤리경영_117

2절 구매자재 121

1. 구매자재의 분류_121
2. 식자재의 개념_122
3. 식자재 구매의 중요성_122

3절 구매통계 124

1. 우리나라 농림어업 현황_124

7장 구매관리 129

1절 일반자재의 구매절차 131

1. 구매신청서 작성_131
2. 예산통제_132
3. 구매신청서 접수_134
4. 견적서 접수_136
5. 업체선정_138
6. 발주_138
7. 납기관리_139
8. 검수_141
9. 납품_141
10. 대금 지급_141

2절 Daily 식자재의 구매절차 142

1. 견적서 접수_142
2. 단가계약_143
3. Market List 작성_143
4. Market List 접수_147
5. 발주_147
6. 납기관리_149

7. 검수_149
8. 납품_149
9. 대금 지급_149

3절 기타의 구매관리업무 150

8장 검수관리 151

1절 검수의 의의 152

1.검수의 개념_152
2. 검수시설_154
3. 검수시간_154
4. 검수장비_155
5. 검수담당자의 자격요건_155

2절 검수절차 156

1. 서류검수_156
2. 물품검수_163
3. 사후업무_171

9장 창고관리 175

1절 입출고관리 177

1. 입고절차_177
2. 출고절차_177

2절 저장관리 180

1. 저장방법의 발달과정_180
2. 저장시설의 종류_181
3. 저장시설의 요건_181
4. 저장품의 관리원칙_182

3절 재고관리 185

1. 재고관리의 의의_185
2. 재고조사의 유형_186
3. 재고관리의 기법_ 189
4. 재고회전율_194
5. 재고자산의 가치평가법_195

10장 원가관리 199

1절 원가의 의의 200

2절 원가의 구성 201

1. 원가의 3요소_201
2. 원가의 구성_202

3절 원가분석 절차 203

1. 원가분석의 의의_203
2. 원가분석의 절차_204
3. 메뉴개발을 위한 원가분석_205

부록 209

1. 농수산물 유통 및 가격안정에 관한 법률 211

2. 채소에 대하여 219

3. 과일의 유통구매 228

4. 수산물에 대해서 241

5. 육류에 대해서 249

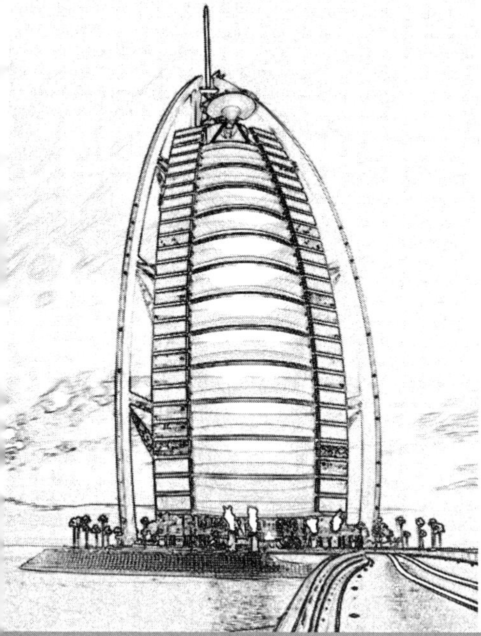

1장 구매관리의 기초

1절 구매관리의 의의

2절 구매관리의 발전과정

3절 구매관리의 중요성

4절 구매관리의 미래

1장 구매관리의 기초

1절 구매관리의 의의

구매(purchasing)란 구매자가 판매자에게 일정한 댓가를 지불하고 필요한 제품이나 서비스를 취득하는 것을 말하며, 반면 판매(selling)는 구매자로부터 댓가를 받고 제품이나 서비스를 제공하는 것을 말한다. 이처럼 구매와 판매는 서로 상반되는 개념으로 이러한 행위의 주체인 구매자와 판매자는 제품 및 서비스를 매개체로 하는 시장활동의 주체이다.

한편, 구매관리(purchasing management)란 이와 같은 구매를 계획하고 수행하며 평가하는 일련의 과정을 말하며, 이러한 구매관리의 대상은 넓게 보면 물품이나 서비스 외에 기계, 설비, 비품, 토지, 건물 및 노동력의 조달까지도 포함하지만, 보통 기계, 설비의 구입은 생산관리부서에서 담당하고, 노동력의 조달은 인사부서에서 담당한다. 따라서 순수한 의미에서의 구매관리의 대상은 원재료나 제품의 구매행위만을 의미한다.

구매와 판매와의 관계

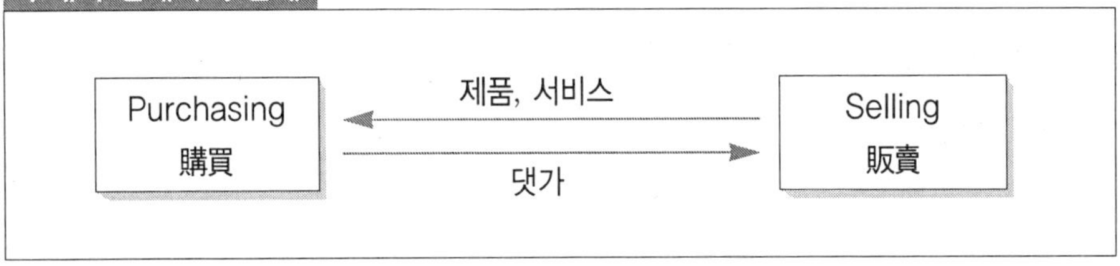

구매의 유사용어로 조달은 구매기능을 포함하는 다소 광범위한 용어로서 물품과 서비스의 구매는 물론이고 공사계약, 검사, 운송, 저장, 폐품처리 등의 업무까지 포함한다. 또한 자재관리는 물품의 효율적인 보관 및 관리와 관련한 업무를 총칭하며 주로 입고관리, 저장, 재고관리 및 불출, 검수업무 등을 포함한다. 그 외에 유통, 물류, logistics, lease 등의 용어가 있다.

● 調達(procurement)

물품과 서비스의 구매는 물론이고 공사계약, 검사, 운송, 저장, 폐품처리 등의 업무까지 포함하는 광범위한 개념

● 資材管理(material management)

물품의 효율적인 보관 및 관리와 관련한 업무를 총칭하는 개념

● 流通(distribution)

제품과 서비스를 생산자로부터 상인을 거쳐 소비자에게까지 이전시키는 일

● 物流(physical distribution)

생산자로부터 소비자까지의 상품 흐름을 의미하며, 구체적으로 상품을 수송 · 하역 · 보관 · 포장하는 과정을 포함하는 개념

● logistics(兵站)

군사작전에 필요한 물자를 관리, 보급하는 일, 원료에서 완제품까지 재료의 흐름에 대한 관리

● lease

기계, 설비 등을 장기간 빌리거나 빌려주는 것

2절 구매관리의 발전과정

1 2차 세계대전 이전

역사적으로 구매행위가 시작된 것은 화폐가 발명되어 통용되기 시작하면서부터 보인다. 기원전 13세기경에 페니키아에서는 구매대행인(purchasing agent)에 대한 기록이 나타나며, 로마시대에는 양의 가죽으로 만든 주문서에 포도주나 꿀 등을 주문한 기록이 나타나고 있다.

구매행위의 이러한 오랜 역사에도 불구하고 문헌상으로 자세히 언급되기 시작한 것은 불과 2세기 전의 일이다. 즉 1832년 Charles Babbage의 'On the Economy of machinery and Manufacturing'(기계와 생산의 경제에 관하여)이란 책이 구매에 관한 최초의 문헌으로 보고, 그 후 1887년 미국 시카고의 철도책임자로 일하던 Marshall Kirkman은 'The Handling of Railway Supplies'(철도 보급품 다루기)라는 책에서 구매에 관한 내용을 상세하게 기술하고 있다. 이처럼 구매관리는 주로 미국의 식민지시대에 교통망의 확충을 위해 철도부설

을 위한 자재 조달의 필요성과 함께 발달해 왔다. 이후 20세기 초까지 소규모기업이나 새로 설립된 기업에서는 기업주가 주로 구매업무를 직접 관리하거나 또는 가족 등의 가까운 사람에게 맡기는 것이 일반적인 현상이었다.

그러다가 기업의 규모가 커지고 조직기능의 분화현상이 나타나면서 구매되는 자재의 대부분이 생산과정에서 소비된다는 의미에서 주로 생산부서에서 구매업무를 담당하게 되었다.

그때까지 구매의 기능은 단순한 사무적 행위로 인식되어 생산이나 영업 및 재무기능 등에 비해 기업 경영자들의 주목을 별로 받지 못하였다.

그런데도 구매관리에 대한 학문적인 체계는 미국에서 선도적으로 이루어지고 있었다. 하버드대는 오래전부터 구매와 공급관리의 중요성을 인식해왔으며, 최초의 구매관리과정을 1917~1918년 학기에 개설했으며, 1933년에는 하버드대학의 하워드 루이스((Howard Lewis)교수가 구매에 초점을 맞춘 최초의 대학교재를 저술했다. 오늘날 'Harvard Business Review' 는 관련 주제에 대한 시의적절한 논문을 발간함으로써 이 분야의 발전에 기여하고 있다.

또한 1915년에는 미국정부와 기업 및 대학 간의 협력에 의하여 미국 구매관리협회(NAPM ; national association of purchasing management)가 설립되어 구매와 공급관리에 대한 이론적 연구와 세미나 개최, 관리기법개발과 교육제도를 발전시켜오고 있다.

알렉산더의 대제국 건설 비결은?

알렉산더 대왕은 BC 336년에 20세의 나이로 그의 아버지 필리포스 2세의 뒤를 이어 마케도니아의 왕으로 즉위하였다. 펠라에 있는 궁전에서 가장 명성있는 스승들의 가르침을 받은 그는 모든 분야에서 두각을 나타냈다. 스승들은 알렉산더에게 판단력과 도덕심을 심어주는 한편 강인한 체력으로 무술에도 뛰어나도록 가르쳤다.

그 당시 마케도니아는 그리스의 맹주가 되었고 알렉산더는 BC 334년에 5만의 군사를 이끌고 페르시아 정복을 시작으로 이집트까지 점령하며 나일강유역의 삼각지에 새로운 도시인 알렉산드리아를 건설하였다. 페르시아의 바빌론에 대제국의 수도를 정하고 아프가니스탄과 인도까지 진출하여 인도의 왕 포로스의 항복을 받고 동서양을 통합하는 대제국을 건설하였다.

이 웅장한 서사시는 알렉산더가 제국의 수도 바빌론에서 BC 323년 32세의 나이로 죽는 날까지 약 12년간에 걸쳐 펼쳐졌다. 알렉산더는 세계를 무대로 정복활동을 편 최초의 영도자로서, 일신상의 부귀와 영광을 쫓는 것이 아니라 모든 사람들의 마음속에 화해와 평화, 공동의 이해를 심어주자는 것이 그의 철학이었다. 알렉산더의 원정은 특히 무역과 자연과학의 발달에 큰 영향을 미쳤고 지리학에 한 획을 그었다.

알렉산더는 물자조달관리의 대가로서 물자조달관리의 힘에 기초한 전략과 전술을 구사하였으며, 그의 성공은 효율적인 물자조달과 날렵하고 뛰어난 군대의 조직관리 능력에 기인하였다. 당시 물자를 먼 거리까지 운송하는 유일한 방법은 해양선박과 강이나 운하를 이용하는 것뿐이었다. 강과 해변으로부터 멀어지면 진군하는 내륙의 군대는 물자부족으로 인한 굶주림과 추위로 고생할 수밖에 없었다. 짐을 나르는 동물들도 먹여야 하기 때문에 진군 도중 먹일 풀이나 물이 없을 때는 빨리 해안기지로 돌아와야 했다. 하지만 알렉산더의 군대는 그 당시 다른 군대와 근본적으로 다른 조달체계를 갖추고 있었다.

다른 군대는 전투지원 인력의 규모가 전투병력과 비슷한 수준이었는데 이는 장비와 보급품을 운반하는 짐을 나르는 동물들과 함께 행군해야 함에 따라 이러한 조달을 담당하는 일꾼들이 상당수 필요하기 때문이다. 마케도니아 군대는 수레사용을 제한하고 전투병들이 직접 자기 소요물자를 최소한으로 꾸려 운반하도록 훈련되었다. 따라서 마케도니아 군대의 조달구조는 그 당시 가장 빠르고 날렵하고, 기동성이 좋은 군대가 될 수 있었다.

이러한 군사체계는 적들이 무슨 일이 일어나는 줄도 모르는 사이에 속도전을 가능케 했다. 빠르고 갑작스런 군사행동이 가능했기 때문에 알렉산더는 수적으로 많은 적군들을 놀라게 하고 압도하는 전략과 전술을 구사할 수 있었던 것이다.

그는 새로운 영토에 진입하기 전에 그 지역 통치자에게 미리 항복을 받도록 하는 전략을 구사하고, 성공하면 그 지역 관리자들에게 그의 군대에 필요한 물자조달을 준비하도록 했다. 만약 그 지역에서 미리 항복을 않고 저항할 경우에는 알렉산더는 그의 전군을 그 지역에 진군시키지 않았다. 즉 그는 그의 군대가 보급품 부족으로 피해를 당하는 상황에 처해지는 위험을 피하고자 했다. 대신에 그는 주변지역의 진군통로와 자원과 기후에 관한 정보를 수집하고 난 후에 적은 규모의 날렵한 군사들로 기습전을 전개하여 적을 위협하도록 했다. 주력부대는 보급품이 확보되어 있는 후방에 머물면서 진군에 필요한 충분한 물자가 확보될 때를 기다렸다.

그의 군대가 새로운 기지를 건설할 때는 언제나 물자운송이 용이한 강이나 해변항구에서 가까운 지역을 택했다. 이렇게 하여 선박들이 알렉산더 제국의 다른 지역에서 대량의 물자조달을 용이하게 할 수 있었다. 또한 그의 군대는 겨울철에는 진군을 멈추고 겨울캠프에 머물면서 봄이 되어 첫 수확물이 나올 때까지 기다리곤 했다. 그들이 행군할 때는 사막지역이나 사람이 살 수 없는 지역을 피해서 말들이 풀을 뜯고 군사들이 행군로를 따라가며 보급물자를 얻을 수 있는 강변과 사람들이 거주하는 지역을 택했다.

알렉산더는 그의 물자조달체계와 공급망이 미치는 힘에 기초한 전략수립과 전술활용을 할 줄 알았으며 그의 공급망의 제약요인들을 적절하게 보완하는 방법들을 현명하게 찾아 해결해 나갔다. 그의 적들은 수적으로 우월한 때가 많았고 홈그라운드에서 싸우는 유리한 상황이었다. 그러나 그들의 유리한 점은 기동성을 제한하는 복잡하고 비효율적인 물자조달체계 때문에 약화되었고 알렉산더 군대의 기동성에 대응할 수 있는 전략선택이 제한될 수 밖에 없었던 것이다.

⊙구매관리가 발전하지 못했던 원인

① 구매는 단순업무로서 필요한 물건만 사면 된다는 인식이 많았다. 즉, 품질관리나 효과적 구매관리를 통한 원가절감에 대한 인식이 부족하였다.

② 구매를 하기 위해서는 돈을 만져야 하므로 보통 기업주 스스로 하거나 극히 소수의 믿을 수 있는 사람들만이 구매행위를 하는 경향이 많았다.

③ 이익의 원천은 생산과 판매에 있는 반면, 구매는 돈을 쓰는 기능으로 인식되었다.

④ 구매업무는 항상 감사의 주요대상이 되고 이해관계에 따른 분쟁이 잦아 과중한 업무 스트레스가 따른다.

2 2차 세계대전 이후

이상과 같은 구매기능이 갖는 몇 가지 속성은 구매업무에 대한 일반적인 인식과 경영이나 관리면에서의 구매기능의 지위를 낮추고 유능한 전문인력의 확보에 애로를 겪는 현상을 초래하였다.

그러나 1940년대에 일어난 2차 세계대전의 발발은 심각한 원료부족과 수요의 증대를 가져옴으로써 선진국들은 물자 확보에 우선순위를 두지 않을 수 없게 됨에 따라 비로소 구매기능의 중요성을 인식하기 시작하였으며, 또한 새로운 병기를 비롯한 다양한 군수물자들이 생산됨에 따라 이러한 제품들을 구매하기 위해서는 그에 상응하는 능력을 갖춘 전문인력이 필요하게 되었다.

그후 1973년 중동의 석유위기로 인해 원자재의 공급부족과 가격상승이 초래되어 자재의 원가가 점차 제품 가격의 약 60%까지 차지하게 됨으로써 구매관리의 중요성이 더욱 강조되어 구매업무를 담당하는 부서는 점차 전략적 기능을 담당하는 부서로 인식되기 시작하였으며, 그 결과로 오늘날 선진기업의 경우에는 구매분야의 최고책임자는 자재담당 이사, 구매담당 부사장 등의 명칭으로 불리며, 조직의 전략 수립에도 적극적으로 참여하고 있다.

한편, 미국 구매관리협회(NAPM)는 이전의 단순구매 행위보다는 조직의 목적달성을 위해 필요한 물품과 용역을 전략적이며 효율적으로 공급해주는 공급관리의 중요성이 부각됨에 따라 2002년부터 '공급관리협회(ISM ; institute of supply management)'로 명칭을 변경하여 전문인력양성 교육프로그램과 구매분야의 국제공인 자격증(CPM ; certified purchasing manager) 제도를 운영하고 있을 뿐만 아니라 구매 관리자들에게 유용한 각종 경제지표를 제공해 주는 등 미국경제 구매파트의 전략적 인프라로서 기능을 수행함으로써 세계최고의 구매관리 전문기관이 되고 있다. 구매관리는 오늘날 미국의 유명대학들에서 경영학에서 독자적인 영역을 확립하여 연구되고 또한 이 분야에 대한 왕성한 강의를 통해 많은 구매관리 전문인력을 배출하고 있다.

미국에서 구매관리에 대한 관심이 높아진 원인에 대하여 플러(V. H. Pooler Junior) 교수는 다음과 같이 열거하였다.

① 2차 세계대전이 심각한 원료부족과 수요의 증대를 가져와 그 확보에 우선순위를 두지 않을 수 없었다.

② 원재료의 과잉과 부족이 순환적으로 변동하고 또 재료비가 급격하게 상승하였다.

③ 구입자재의 원가가 제품 총원가의 상당부문(50% 이상)을 차지하게 되었다.

④ 미국의 제품에 대한 외국제품의 도전이 증가하여 경쟁을 격화시켰고 이와 같은 장기간에 걸친 경쟁에서 이겨내기 위해서는 회사의 전 자산과 능력을 투입하더라도 이윤을 확보해야 되겠다는 압박감은 구매에 대한 관

심을 점차 불러일으키게 되었다.

⑤ 유도탄과 같은 많은 신병기를 비롯하여 여러 가지 복잡한 신제품들이 쏟아져 나옴으로 구매업무의 중요성이 인정되기에 이르렀다. 복잡하고 고도의 기술제품을 구매하기 위해서는 그에 상응하는 구매능력이 필요하기 때문이다.

⑥ 관세인하나 무역자유화의 촉진은 국가 간의 상품이동이나 부품의 공용이 확대됨으로써 국제구매의 발전을 가져왔다.

⑦ 미국정부가 기업들에게 하청기업에 대한 관리를 강화하도록 요구함에 따라 보고서 작성, 자체생산 또는 외주 여부(make or buy), 중소기업에 대한 평가문제 등을 처리하기 위해서는 구매부문이 항상 충분한 지식과 정보가 필요하였다.

한편, 일본은 1970년대의 원유파동과 저성장기를 거쳐 1980년대의 엔고현상으로 인해 기업들이 구매관리에 본격적으로 관심을 가지게 되었으며, 이에 따라 구매 및 재고관리에 대한 저술도 다소 이루어져 왔다.

우리나라의 경우 구매관리는 대부분 경영학 관련과목의 한 부분이나 다른 분야와 연관되어 연구되는 등 이론적 연구와 강의 개설이 상대적으로 늦은 편이며, 기업경영에 있어서도 생산관리, 재무관리, 판매관리 등의 한 부분으로 다루어져 왔다. 그 후 공급자 관리와 재고 및 운송관리의 중요성이 강조되면서 물류관리와 공급체인관리의 학문적인 발달과 더불어 점차 학계에서 관심이 높아지고 있는 실정이다. 또한 IT기술을 활용하여 공급관리가 영업, 생산, 회계 등 다른 부분과 통합관리 체제로 발전되고 있으며, 전자상거래의 발전에 따라 구매공급관리의 중요성이 학계와 산업계에서 점차 부각되고 있다. 한편 2001년에는 미국의 ISM과 유사한 형태의 목적을 수행하기 위하여 국내 産 · 官 · 學이 공동으로 설립한 한국구매조달학회가 학계와 산업계, 공공기관이 참여하여 설립되었으며, 구매조달관리에 대한 연구활동으로 학문적인 발전과 전문성 향상을 위한 교육제도를 발전시켜오고 있다. 또한 ISM Korea라는 영문명칭을 사용하여 미국의 ISM과도 협조관계를 유지하고 있다.

구매관리 기능의 발전과정

구분	2차대전 이전	2차대전 이후	1970년대 이후
기능	사무적 기능	관리적 기능	전략적 기능

3절 구매관리의 중요성

1 구매관리의 목적

기업의 목적을 최대로 달성하는 방법은 대체로 두 가지로 나누어 볼 수 있다. 즉 하나는 매출의 증대를 통해 이익을 극대화하는 방법이며, 다른 하나는 비용을 낮추는 방법이다.

이 두 가지 전략 중 과거와 같은 호경기에는 기업이 주로 매출과 이익을 극대화하는데 주된 관심을 가졌으며, 따라서 이는 자연스럽게 마케팅의 발전을 가져왔다.

그러나 오늘날과 같은 불경기에서는 소비자가 가능한 돈을 쓰려고 하지 않기 때문에 기업이 매출을 올리는데 한계가 있으며, 이에 따라 기업은 극심한 경쟁에서 살아 남기 위해 구조조정이나 제품의 원가를 줄임으로 비용을 낮추는 전략을 사용한다.

구매관리란 기업의 운영을 위해 필요한 제품이나 서비스를 취득하기 위해 행하는 일련의 과정으로 기업은 구매관리의 과정에서 당연히 적은 비용을 들여 최대한의 효과를 기대한다.

이러한 구매관리의 목적은 구체적으로 적정한 품질의 제품이나 서비스를 적정한 수량으로 적정한 가격에 적정한 조건으로 적정한 업체로부터 적정한 시기에 공급받는 것이라고 할 수 있다.

그러나 구매업무는 여러 부서와의 유기적인 협조에서 이루어지는 복잡한 업무이므로 구매의 목적을 효과적으로 달성한다는 것은 대단이 어렵다. 또한 앞의 다섯 가지 중 특히 적정한 품질과 적정한 가격의 두 가지는 서로 상반되는 성격을 지니는 개념이기 때문에 이 두 가지를 동시에 달성한다는 것 또한 어려운 일이며, 따라서 이러한 이유로 오늘날 구매담당자의 탁월한 능력이 더욱 절실하게 요청된다고 볼 수 있다.

2 구매관리의 효과

오늘날 구매관리는 가정, 기업, 정부 등 대부분의 조직에서 공통적으로 중요한 기능을 하고 있다. 가정경제 면에서는 산업의 분화현상으로 생산과 소비가 점차 분리되었고, 이로 인해 가정에서는 필요한 물품을 과거와 같이 직접 생산하는 대신 대부분 시장에서 구입하여 사용하게 되었으며, 이에 따라 구매활동의 숙달 정도가 가정경제와 소비생활에 큰 영향을 미치게 되었다. 또한 기업활동 면에서는 시설의 기계화 및 자동화로 인하여 제품원가 중 재료비가 노무비보다 더 큰 비중을 차지하게 되었고, 따라서 필요한 재료를 언제, 어디서, 어떻게 구매하느냐에 따라 기업의 이윤에 커다란 영향을 미치게 되었다.

이처럼 구매관리는 오늘날 사회의 모든 부문에서 경영합리화를 이룩하기 위해서 반드시 고려해야 할 중요한 분야이며, 이러한 구매관리를 통해 얻을 수 있는 효과를 간략히 열거하면 다음과 같다.

❶ 원활한 물품제공

재료나 부품의 납품지연이나 품절은 엄청난 손실발생을 초래할 수 있다. 따라서 철저한 시장조사, 복수의 고정거래선 확보, 분할납품, 적정재고량 유지 등을 통해 가격인상이나 품절 또는 생산현장의 돌발적 사용량 증가 등에 충분히 대비하여 물품공급에 차질이 발생하지 않도록 해야 한다.

❷ 비용절감

다양한 업체의 개발 및 전문지식에 근거한 합리적 구매를 통해 적정한 가격에 구매함으로써 구매비용을 절감할 수 있다. 이때 단순히 구매가격만 고려할 것이 아니라 품질, 보증기간, 재고량, 유지관리비용 등을 종합적으로 고려하여 장기적으로 회사에 큰 이익을 줄 수 있는 총비용의 최소화에 초점을 맞춰야 한다.

❸ 품질관리

바람직한 상품이나 서비스를 생산하기 위해서는 일정한 품질수준 이상의 자재 투입이 요구되며, 그렇지 않으면 최종생산품이나 서비스는 기대를 충족하지 못하고 비용증가를 초래할 수 있다. 따라서 체계적인 업체개발 및 시장조사의 결과로 양질의 공급업체 및 제품을 공급받음으로써 고객만족도를 향상시킬 수 있다.

❹ 표준화

고정 거래선으로부터 양질의 물품을 적정한 가격에 안정적으로 공급받을 수 있으므로 품질과 가격 면에서 표준화가 이루어지며 이를 통해 고객의 만족도 제고 및 비용절감의 효과를 가져올 수 있다.

4절 구매관리의 미래

1 구매범위의 확대

과거 기업에서 구매활동의 범위는 대체로 생산에서 요구되는 자재, 반(半)제품 등에 국한되어 있었다. 그러나 향후 기업의 구매기능이 발전하여 아웃소싱에 대한 의사결정과 집행기능도 구매범위에 들어옴에 따라 구매범위가 단순한 자재 및 부품에서 기술, 서비스, 시스템 등 경영활동에 필요한 다양한 외부자원의 획득업무 등도 포함하게 될 것이다.

최근의 아웃소싱 분야

분야	주요업무
조직관리	전산관리, 재무감사, 총무관리, 교육훈련, 인사관리
마케팅 및 고객관리	전략수립, 홍보, 광고, 시장조사, 텔레마케팅
기술 및 환경	기술자문, 화재, 경비, 청소, 직원식사

2 총비용 개념의 강화

총비용이란 단순히 구매가격만이 아니고 구매금액에 자재의 내용연수 동안에 발생할 수 있는 모든 비용을 합한 비용을 말한다.

장기적으로 구매행위에 의하여 발생할 모든 비용을 고려하지 않고 단순하게 구매 시에 최저가격만을 고집할 경우 그 후 발생하는 추가적인 비용부담으로 인해 기업이 입을 피해를 예방하기 위해 향후 총비용에 근거한 구매행위가 활발해질 것이다.

총비용 = 구매비용 + 유지보수비용 + 처분비용

3 전자상거래의 활성화

최근 유비쿼터스(ubiquitous)란 새로운 용어의 등장에서 볼 수 있듯이 앞으로는 언제 어디서나 정보 네트워크에 쉽게 접속하여 다양한 업무들을 용이하게 볼 수 있는 환경이 조성되고 있다. 이렇게 날로 진보하는 정보기술의 발전의 영향으로 점차 전자상거래 환경에서 구매가 더욱더 발전해 갈 것이다. 가장 먼저 나타나는 변화는 전자상거래 환경에 의한 구매업무의 자동화, 정보화, 프로세스의 합리화일 것이다. 과거의 단순하고 반복적인 구매업무들이 전산화, 정보화됨에 따라 많은 단순업무들이 컴퓨터시스템으로 처리되고 사람은 창의적이고 전략적이며 비정형화된 부가가치가 높은 업무에 치중하게 될 것이다.

일반적인 구매절차가 모두 온라인환경으로 발전함으로써 과거보다 구매 프로세스에서 업무처리비용이 절감되고 공급업체와의 정보교류가 신속해지고 이렇게 개선된 공급업체와의 정보공유에 의하여 창고비용, 운송비용의 절감 및 재고의 감소가 실현될 것이다. 또한 전자상거래에 의한 구매는 기업의 투명성을 제고하는데 많은 도움을 줄 것이다. 구매부서의 오래된 숙제인 투명성과 효율성의 동시추구라는 측면에서 전자상거래 환경은 투명성을 유지하면서도 효율성을 증가시킬 수 있는 좋은 방안이 될 것이다.

4 환경을 고려한 구매

환경문제는 비단 구매분야에서 뿐만 아니라 경영의 전 분야에서 중요성이 날로 증가하고 있다. 오늘날 구매의 영역은 자재의 생성에서 소멸까지의 전 과정으로 확대되어 하나의 자재를 구매하는 경우 그 자재가 생산에서, 유통, 사용, 폐기될 때까지 어떻게 환경친화적으로 유지되는가 하는 문제도 구매의 영역이 되었으며, 따라서 구매분야에서도 환경적인 문제를 생각하지 않을 수 없게 되었다. 이러한 주제는 크게 사전적인 전략과 사후적인 전략으로 나누어진다.

사전적인 전략은 자재를 구매하기 전에 어떻게 하면 자재를 덜 사용하고 같은 효과를 유지할 수 있는가 하는 문제이다.

사후적인 전략이란 자재를 공급받아서 생산공정에 투입한 후 어떻게 하면 낭비 또는 환경비용을 최소화할 수 있는가 하는 문제이다.

기업생존의 Keyword는 친환경

급변하는 세계 경제 흐름에서 우리를 둘러싼 환경은 매우 불확실하며 해결해야 할 과제들이 산적해 있다. 특히 최근에는 환경문제가 산업계 전반에 엄청난 파장과 변화를 가져오고 있다. 올 초 지구온난화 방지로 지속 가능한 발전을 추구하고자 하는 기후변화협약의 이행서인 교토의정서 발효는 지구환경을 위한 국제사회의 연대와 강력한 규제가 본격화됨을 의미한다.

또한 내년에는 유럽연합(EU)을 필두로 제품속 유해물질 규제라는 위협적인 국제무역 게임의 새로운 룰이 적용된다. 전기전자 제품의 땜납에 오랫동안 이용돼온 납 사용이 전면 금지되는 것을 비롯해, 불에 잘 타지 않고 산화 방지 표면처리 등에 쓰인 각종 유해물질이 더 이상 발붙일 수 없게 된다. 이러한 규제는 환경보호를 이유로 EU 역내에서 생산되는 제품뿐만 아니라 수입제품에 대한 환경규제 기준도 강화하는 것이다.

우리나라의 주요 수출품인 반도체, 자동차, 전기 · 전자제품, 석유화학 제품은 물론, 이러한 제품들의 생산공정과 사용단계 및 폐기단계에서 발생하는 환경오염에 대해서도 규제를 강화하고 있다.

이러한 새로운 무역장벽인 환경규제를 극복하고 수출 경쟁력을 확보하기 위해서는 먼저 알고 앞서 대응하는 노력이 중요하다. 특히 중소기업은 제품의 성능뿐 아니라 이젠 제품이 초래하는 환경문제를 기업의 사활로 인식하는 노력부터 시작해야 한다. 진 세계적으로 시행되고 있는 환경규제에 대응하지 못하면 새로운 시장 진입 자체가 불가능하고, 매출감소는 물론 기업의 존폐까지도 위협받을 수 있다.

중소기업은 대기업에 비해 정보력과 자금력이 취약해 우수한 기술에도 불구하고 환경규제에 제대로 대응하지 못해 수출길이 막히는 사례가 종종 발생하고 있다. 따라서 중소기업의 자구노력이 결실을 맺기 위해서는 친환경제품 생산을 뒷받침하는 정부 지원과 모기업의 협조체제가 절실히 요구된다. 산업자원부 산하 국가청정생산지원센터는 중소기업의 청정생산을 위한 전문인력, 기술 및 자금 지원으로 청정제품의 해외 수출 등 많은 결실을 낳았다.

그러나 수많은 중소기업을 지원하기에는 관련 예산이 부족해 수혜기업은 일부에 그치고 있다. 정부는 보다 적극적인 예산 배정을 통해 청정기술의 개발 및 보급사업을 확대해 나감과 동시에 기존의 규제 일변도 환경정책에서 탈피해 공공기관의 친환경제품 우선구매 제도와 같은 유인정책을 실시하는 것이 바람직하다.

대기업의 노력도 필요하다. 부품을 공급하는 협력업체들이 환경규제에 제대로 맞추지 못하는 것을 방치하거나, 혹은 이를 이유로 거래관계를 끊는다면 모두에게 불행한 결과가 초래될 것이다. 해당 중소기업은 도태될 것이고 모기업은 고가의 수입 부품을 사용, 청정생산기술의 해외의존이 심화되면서 가격경쟁력 저하에 직면할 것이다. 따라서 대기업이 환경기술 등 환경경영 노하우를 중소기업에 전수하고 같이 머리를 맞대고 활로를 모색하는 것만이 치열한 경쟁 속에 공존하는 해결책이다. 현대자동차, SK주식회사, 포스코, 유한킴벌리, 삼성전자 등이 산업자원부와 함께 진행 중인 친환경 공급망 구축사업은 이러한 상생(相生) 경영의 모범적인 사례로 꼽히고 있다.

친환경은 미래 소비시장의 핵심 키워드로 앞으로 환경친화제품이 아니면 생존하기 어려울 전망이다. 환경규제는 기업들에 위협적인 존재이지만 한편으로는 친환경 시장이라는 새로운 사업 기회를 제공한다. IT강국으로 입증된 우리의 우수한 두뇌를 활용해 청정기술의 새로운 시장을 개척하는 전략을 세워나감이 바람직하다.

< 조선일보 >

호텔의 환경경영 바람

중수처리 빙축열시스템 도입 등 확산/자체수비대로 오염감시 활동도 벌여 호텔업계에도 환경경영 바람이 불고 있다. 「최고급의 서비스제공」이라는 부담 때문에 특급호텔 등에서는 그간 환경문제를 고려하지 않은 불필요한 낭비가 많았던 것이 사실이다.

하지만 최근 호텔업계는 환경개선 부담금 등 각종 환경규제에 능동적으로 대처하기 위해 자체 중수처리시설 가동 또는 1회용품 줄이기 등 환경친화경영을 본격화하고 있다.

호텔인터컨티넨탈은 객실과 식음료업장 등에서 사용된 물을 여과해 정수처리한 뒤 다시 쓸 수 있도록 자체 중수처리설비를 설치, 가동하고 있다. 중수는 세수나 목욕 후 버리게 되는 비교적 깨끗한 물을 간단히 정수처리한 뒤 변기용수, 세차용수, 냉각수, 소화용수, 도로청소용수 등으로 재사용하는 것을 말한다. 이 호텔은 중수처리설비 가동으로 한달에 1만t 이상의 하수를 정수처리해 변기용 용수와 대걸레 빨래 등 청소용수로 사용하고 있다.

인터컨티넨탈 외에 호텔신라와 롯데도 중수처리설비를 갖추고 있다. 호텔신라는 이밖에도 냉매제로 쓰이는 오존층 파괴물질인 프레온가스(CFCs) 사용을 억제하기 위해 심야전력을 활용하는 자체 빙축열시스템을 설치했다. 이 시스템은 호텔연회장의 대형행사 때 프레온가스가 쓰이는 일반냉방기를 사용하지 않고 빙축열로 만든 저장얼음으로 급속 냉방이 가능하도록 한 설비다. 호텔신라는 또 지난해 국제호텔환경기구(IHEI)에 가입하면서 직원들로 구성된 그린수비대를 발족, 남산, 한강 등 주변 자연환경과 호텔 내 환경오염방지 감시활동을 벌이고 있다.

불필요한 과잉서비스로 일어나는 환경오염을 줄이기 위한 작은 노력들도 활발히 전개되고 있다. 서울가든호텔과 웨스틴조선호텔, 호텔신라는 침대시트 등 객실 세탁물을 고객이 원하는 경우에만 세탁하는 Green Card 제도를 시행하고 있다. 이 제도의 시행으로 이들 호텔의 경우 세탁용수가 평균 20% 이상 절약되고 있다. 이들 호텔은 고객들의 그린카드제 동참을 유도하기 위해 체크아웃 시 환경보호기념품을 마련하는 등 묘안을 짜내고 있다.

각급 호텔들은 이밖에도 객실 내 1회용품 비치 금지, 심야전기를 이용한 절전시스템 도입, 물절약형 압축변기시스템 설치, 환경기금조성 등의 환경경영계획안을 세워놓고 있다. 서울프라자호텔은 환경친화기업에 주어지는 ISO 14000 환경경영인증을 획득하기 위해 지난해 공업진흥청이 지정하는 ISO 14000 시범인증을 획득한데 이어 올해 들어서도 환경경영체제 구축에 적극 나서고 있다.

< 세계일보 >

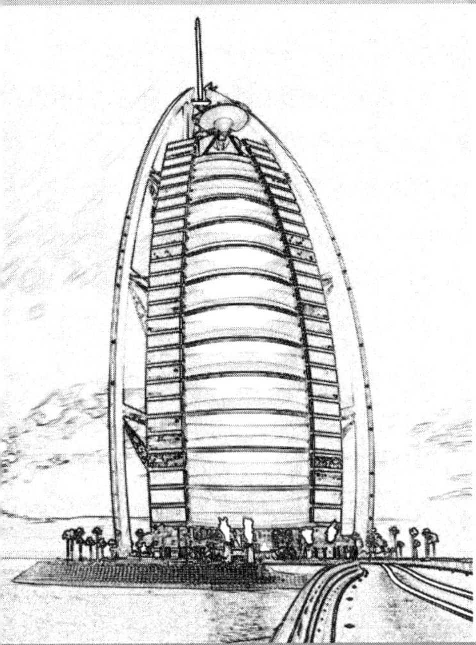

2장 구매행동론

1절 구매의사 결정과정

2절 구매가격

2 장

구매행동론

1절 구매의사 결정과정

20세기 초부터 주된 기업경영 이념으로서 마케팅 콘셉트의 출현 이후 소비자에 대한 관심이 고조되면서 1960년대부터 소비자행동에 대한 본격적인 연구가 이루어지기 시작하였다. 소비자행동은 수많은 요인들에 의하여 영향을 받을 뿐만 아니라 다수의 다양한 활동을 포괄적으로 의미하는 복합적 개념이다. 이와 같은 소비자행동을 쉽게 이해하기 위해서 지난 30여 년에 걸쳐 다수의 소비자행동모델이 개발되었으며 이들 중 오늘날 가장 많이 알려진 모델은 1968년에 J. F. Engel, D. T. Kollat 및 R. D. Blackwell에 의해 개발된 EKB 모델이다.

이 모델은 그 후 여러 차례 수정을 거듭하였으며, 가장 최근의 모델은 5번째 수정모델로서 1986년에 J. F. Engel, P. W. Miniard 및 R. D. Blackwell에 의하여 수정되었으며(EBM 모델), 이는 기존의 연구결과를 잘 반영한 것으로서, 이전의 모델에 비해 간결하고 이해하기 쉬우며, 소비자행동에 대한 설명력을 크게 향상시켰다. 이 모델에서는 소비자의 구매의사 결정과정을 다음과 같이 5단계로 나누어 설명하고 있다.

1 문제의 인식

구매자가 어떤 시점에서 자신의 실제상태와 그에 상응하는 바람직한 상태 간에 상당한 차이를 지각하게 되면 그 차이를 해소시켜 줄 수 있는 수단에 대한 욕구를 갖게 된다. 이러한 과정을 통해 구매자는 여러 가지 제품을 구매하는데, 이와 같은 구매행동은 구매 당시의 특정 욕구를 충족시키기 위한 것이다. 그러므로 구매자의 구매행동을 유발하는 가장 근본적인 것은 욕구라고 할 수 있다.

욕구는 배고픔, 갈증 등과 같은 근본적인 욕구(needs)와 그러한 근본적인 욕구를 해소시켜 줄 수 있는 현실적인 수단, 즉 기업에 제공하는 제품에 대한 소유욕구와 같이 보다 구체적인 욕구(wants)로 나눌 수 있다.

욕구의 환기란 구매자가 어느 시점에서 불충족된 욕구를 인식하는 것을 의미한데, 구매행동은 욕구를 충족시키고자 하는 행위이며, 구매의사 결정과정은 환기된 욕구를 어떻게 충족시킬 것인가의 문제해결 과정이므로 욕구의 환기는 문제의 인식이라고 한다.

문제의 인식은 갈증, 배고픔과 같이 내부적 요인에 의해 발생하기도 하지만 구매자가 타인의 얘기를 듣거나 광고로부터 자극을 받아 제품에 대한 욕구가 발생하는 것처럼 외부적 요인에 의하여 유발되기도 한다.

문제의 인식이 구매로 이어지기 위해서는 충분한 동기가 부여되어야 한다. 동기란 내부적 긴장상태를 줄이기 위한, 즉 욕구를 충족시키려는 추진력이며 동기부여의 크기는 두 가지 요소, 즉 실제 상태와 바람직한 상태 간의 차이의 크기와 그 문제의 중요성에 달려 있다.

2 정보의 탐색

구매자가 문제를 인식하면 문제를 해결하기 위해 정보를 탐색하게 된다. 구매자의 정보탐색 활동은 보통 내적 탐색과 외적 탐색으로 분류한다. 내적 탐색이란 기억 속에 저장되어 있는 정보에서 의사결정에 도움이 되는 것을 끄집어내는 과정을 말하는 반면, 외적 탐색이란 기억 이외의 원천으로부터 정보를 탐색하는 활동으로서 가족, 친구, 이웃 등 개인적인 원천을 통해서 이루어지거나, 광고, 인적판매 등 기업이 제공하는 정보를 이용하거나 또는 제품에 관한 정보를 제공해 주는 공적 기관을 통하여 이루어진다.

내적 탐색의 결과가 만족스러우면 다음 단계로 나아가고, 그렇지 않으면 외적 탐색을 하게 된다. 내적 탐색을 하여 머릿속에 떠오르는 상품들을 환기상품군(evoked set)이라고 한다. 외적 탐색을 거치면서 구매대상이 되는 상품들이 환기상품군에 추가되어 고려상품군(consideration set)이 형성된다.

자동차나 컴퓨터 같이 비싼 제품의 경우는 대개 고려상품군에 속하는 상품들이 많으며, 반면 치약이나 아이스크림과 같이 일상용품의 경우는 그 반대인 경우가 많다.

이처럼 제품의 관여도의 수준에 따라 고려상품군의 크기는 차이가 나지만 대개 3~4개의 정도의 고려상품군에 속한 상품들을 놓고 대안의 평가와 선택이 이루어진다.

3 대안의 평가

구매자는 대안을 평가하기 위해 우선 제품이나 상표가 지니고 있는 속성 중에서 자신이 중요하다고 생각하는 속성을 대안의 평가기준으로 설정한다. 평가기준이란 대안들을 비교, 평가하는데 사용하는 명세를 의미하며, 이 평가기준은 하나일 수도 있고 그 이상일 수도 있다. 평가기준이 두 개 이상일 때는 각 요소에 대하여 부여하는 중요도의 비중도 각각 다를 수 있다.

또한 구매자는 수집된 정보를 기초로 하여 각 대안에 대하여 속성별로 신념(belief)을 형성하는데 신념이란 각 대안이 속성별로 어떠할 것이라는 구매자의 지각을 의미한다. 이렇게 형성된 신념은 특정상품를 선택하는데 대한 구매자의 태도에 영향을 주게 된다.

4 구매

구매자는 여러 대안을 평가한 후 최선의 상품을 선택한다. 그러나 구매를 결정한 상품이 항상 구매가 되는 것은 아니며, 다른 영향요인이 강하게 작용하면 다른 상품이 구내되기도 힌다.

실제 구매행동에 영향을 미칠 수 있는 요인으로서 갑자기 경제사정에 변화가 온 경우, 막상 구입하러 상짐에 가니 품절이 되어 다른 상품을 사는 경우, 다른 상품이 세일을 하고 있어 그 상품을 구매하는 경우, 다른 사람의 영향으로 인해 선호하는 상품을 구입하지 않고 다른 상품을 구매하는 경우 등이 있으며, 그리고 특히 승용차, 의복 등 타인의 눈에 쉽게 드러나는 상품의 경우는 다른 사람들의 시선이 강하게 영향을 미칠 수도 있다.

5 구매 후 행동

구매자가 구매할 때 자신의 평가와 지불하는 금액에 따라 자연스럽게 성과에 대한 기대를 하게 된다. 제품의 구매 및 사용 이후에 구매자가 지각하는 성과가 구매 이전의 기대와 같거나 더 큰 경우 자신이 구매한 제품에 대해 만족을 할 것이고, 그렇지 않은 경우에는 불만족을 하게 된다. 만족과 불만족은 기억에 저장되어 차기의 동일한 구매의사 결정에 긍정적 혹은 부정적 영향을 미칠 뿐만 아니라 구전에 의하여 타인의 구매의사 결정에 긍정적 혹은 부정적 영향을 미치게 된다.

한편, 소비자는 구매 후 자신의 의사결정에 대한 의구심을 느낄 수 있다. 즉 의사결정은 두 가지 이상의 대안들 중에서 한 가지를 선택하는 행위이므로 구매자는 자신이 선택한 대안이 과연 선택하지 않은 다른 대안들보다 더 나은 것인가에 대한 심리적인 불안감을 느낄 수 있는데, 이를 구매 후 부조화(postpurchase dissonance)라고 부른다.

구매자가 구매 후 부조화를 느끼게 되면 자연히 이러한 불안감을 해소 또는 감소시키려는 노력을 하게 되는데, 즉 자신이 선택한 제품에 대해 긍정적인 정보만을 수집하는 반면, 선택하지 않는 제품에 대해서는 부정적인 정보만을 수집하려고 한다. 그 결과 구매 후 부조화가 긍정적인 방향으로 해소되면 만족으로 이어지고 그렇지 않으면 불만족으로 이어질 것이다.

따라서 기업의 측면에서는 제품을 판매한 이후에 서신이나 전화를 통해 감사의 뜻과 판단이 현명했음을 주지시키는 전략을 사용함으로써 부조화가 긍정적인 방향으로 해소될 수 있도록 노력하는 것이 필요하다.

또한 제품에 대하여 불만이 있는 경우 공식적으로 불평을 표시하도록 유도하는 것이 하나의 방법이 될 수 있다. 불평하지 않는 고객은 오히려 더 부정적인 영향을 미치는 경향이 있기 때문이다.

2절 구매가격

1 가격의 개념과 역할

가격이란 제품이나 서비스를 소유 또는 사용하는 대가로 지불해야 하는 화폐가치를 말하며, 소비자의 주관적 가치판단이 수반되기 때문에 가격을 정확히 결정하는 일은 대단히 어렵다.

이러한 가격은 기업의 전략 수립에 있어서 가장 중요한 마케팅변수로서의 역할을 하며, 대표적인 역할은 다음과 같다.

① 가격은 제품의 품질에 대한 정보를 제공하는 역할을 한다. 즉 소비자는 제품의 가격이 높으면 품질이 그만큼 좋을 것이라는 생각을 갖게 되는데, 이것을 '가격-품질연상'이라고 한다. 예를 들어 같은 제품이더라도 가격이 할인된 할인점에서 판매하는 것은 무엇인가 신뢰를 하지 않는 경향이 있다.

② 가격의 변경은 기업의 이익에 즉각적으로 커다란 영향을 미침으로써 기업의 이익을 결정하는 중요한 변수이다. 기업은 고객의 요구에 부응하는 제품이나 서비스를 판매함으로써 수익을 실현하게 된다. 이에 반해 제품, 유통, 촉진 등의 나머지 마케팅변수들은 비용을 유발하는 요인이다.

③ 가격은 다른 마케팅변수들과는 달리 결정한 슥시 실행할 수 있기에 중요한 경쟁의 도구로서 쉽게 사용할 수 있다. 반넌, 가격 이외의 미게팅변수들은 단시간에 변화시킬 수 없다. 예를 들어 일단 개발된 상품을 개선하거나 수정하는데는 적지 않은 시간과 비용이 들어가며 광고 역시 마찬가지이다. 또한 유통경로의 경우에도 사후의 변경이 매우 어렵다.

문제는 우리가 쉽게 변경할 수 있듯이 남도 쉽게 변경할 수 있다는 점이다. 따라서 가격에서의 경쟁우위는 차별적 우위가 뒷받침되지 않는 한 오래 가지 못한다.

2 가격의 종류

❶ 정가가격

판매자들의 판단에 따라서 결정하는 판매가격으로 전국적으로 시장성이 강한 상품에 많다.

❷ 시장가격

다수의 공급자와 다수의 수요자를 상대로 경쟁하여 수요공급의 관계에 의해 결정되는 가격을 말한다.

❸ 협정가격

판매자들이 자유경쟁에 의해 초래되는 가격의 하락을 방지하고 기업의 이윤을 확보하기 위하여 그들 간의 자주적 협정에 의하여 결정되는 판매 가격을 말한다.

❹ 할인가격

지불조건으로 현금을 지급하거나 매매수량이 일정 기준을 초과할 경우, 또는 촉진수단 등의 이유로 할인이 된 가격을 말한다.

❺ 공정가격

공공기관에서 판매하는 상품이나 서비스의 가격을 정부가 결정하여 형성된 가격을 말한다.

3 가격의 결정

(1) 가격의 결정원리

공급자는 최대한 바싼 가격으로 물품을 판매하려고 하고, 구매자는 반대로 최대한 낮은 가격으로 사고자 한다.

이처럼 가격결정을 위한 당사자 쌍방의 이해는 언제나 상반되므로 가격의 결정은 절대적 기준이 없고 서로가 자신이 처한 여건과 상대방의 상황을 종합적으로 고려하여 자신의 이익을 최대화하는 선에서 이루어진다.

가격결정의 원리

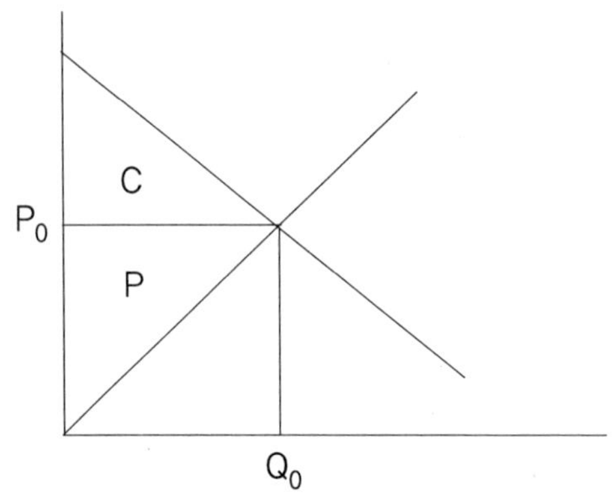

(2) 가격의 범위

가격은 일반적으로 수요공급의 원리에 의하여 최종가격이 결정되지만 그전에 구매자가 지각하는 가격의 범위는 다음과 같이 나누어 볼 수 있으며, 구매자는 지불해야 할 구체적인 가격의 범위를 단계적으로 점차 좁혀간다.

가격의 범위

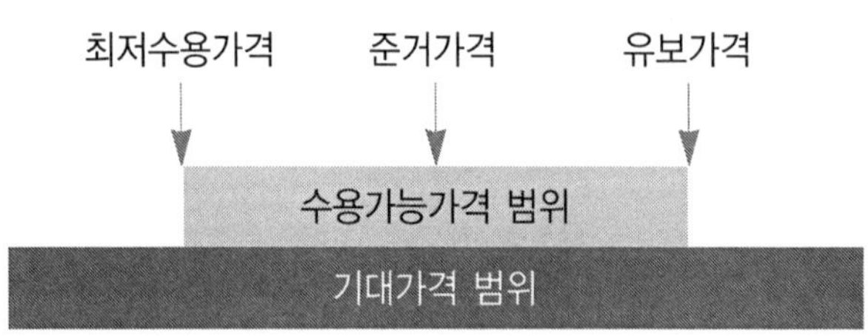

❶ 기대가격 범위

구매자가 시장에서 발견할 수 있을 것으로 기대하는 가격의 범위를 말한다.

❷ 수용가능가격 범위

구매자가 수용가능한 것으로 받아들이는 가격의 범위를 말하며 이 범위 내의 상품들을 고려상품군(consideration set)이라고 한다.

❸ 최저수용가격

수용가능가격 범위 내에서 구매자가 지불할 용의가 있는 최저가격을 말하며 구매자는 상품에 대한 지식이 적을수록 낮게 설정한다.

❹ 유보가격

수용가능가격 범위 내에서 구매자가 지불할 용의가 있는 최고가격을 말한다.

❺ 준거가격

구매자가 가장 적절하다고 기대하는 수준의 가격을 말하며 가격을 비교하는 데 기준역할을 한다.

(3) 구매가격 결정 시 고려요인

- 구매예산
- 구매량
- 기존 구매가격
- 품질(사양, 제품수명주기, 브랜드, A/S 여부)
- 유통구조

- 원가구조
- 브랜드, 업체의 신용도
- 경쟁상품가격

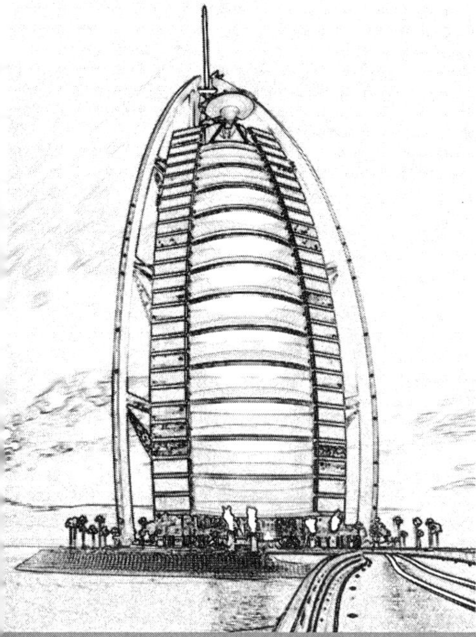

3장 유통과 시장조사

1절 일반적 유통
2절 식품의 유통
3절 시장조사

3 장

유통과 시장조사

1절 일반적 유통

1 유통의 의의

인간의 경제활동은 일반적으로 생산, 소비 그리고 유통활동으로 분류할 수 있으며, 유통은 이 중 생산과 소비를 연결시켜주는 중요한 경제활동이다.

유통은 일반적으로 생산자로부터 소비자에 이르는 과정에서 일어나는 일련의 경제행위라고 할 수 있으며, 이러한 유통활동이 하나의 산업으로서 등장한 것은 18세기 영국의 산업혁명으로 대량생산이 가능해지면서부터이다.

우리나라의 유통산업은 규모가 영세하였을 뿐만 아니라 5 · 16 군사쿠데타 이후 정부의 강력한 성장 위주의 경제정책에 밀려 정부의 정책적 뒷받침이 없어 후진성을 면치 못하다가 1960년대 후반에 이르러서야 점차 업종이 분화되고 아울러 품목들이 다양해지기 시작하였으며, 1970년대에는 규모가 대형화되면서 식료품을 중심으로 한 수퍼마켓으로 발전하게 되었다.

이후 1980년대에 들어서면서 경제발전에 따른 국민소득의 향상으로 백화점이 급성장하였고 이에 따른 유통산업의 중요성이 인식되면서 1986년 도 · 소매진흥법의 제정 등으로 유통산업의 발전을 위한 정책적 변화가 시작되었다.

한국의 유통 발달사

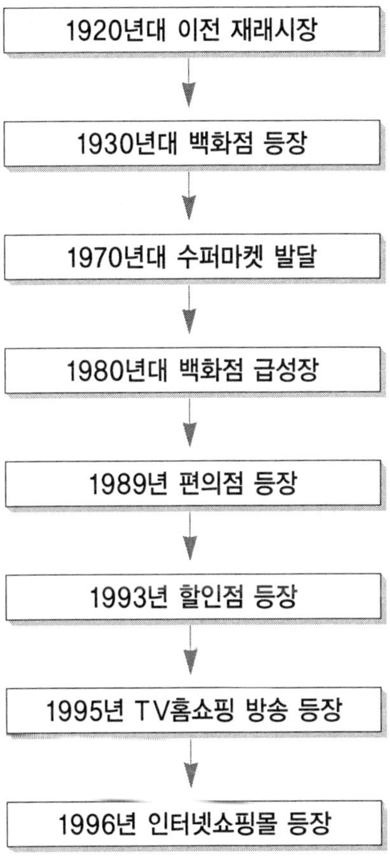

2 유통경로의 형태

유통경로란 생산자가 생산한 상품이 소비자에게 전달되기까지 거치게 되는 통로를 의미하며 이러한 유통경로의 형태는 대체로 다음과 같이 3가지로 나누어 볼 수 있다.

유형 1	생산자가 중간상을 거치지 않고 직접 소비자에게 판매하는 형태로서, 판매사원을 회사가 직접 고용하여 관리하기 때문에 통제가 용이하나 비용이 많이 든다. 관리에 대한 많은 노력이 필요한 편이며, 요쿠르트, 학습지, 생수회사 등에서 많이 사용하는 방법이다.
유형 2	소매상이 생산자로부터 제품을 공급받아 소비자에게 판매하는 형태이다. 즉 도매상이 없는 형태인데, 가전제품 제조업자 등이 백화점, 할인점, 대리점, 연금매장 등의 소매상을 통하여 제품을 판매하는 형태이다. 또한 구두, 가구 등 많은 소비재가 이러한 형태를 가진다.
유형 3	가장 전형적인 유통경로 구조로서, 식품, 의약품, 식품 등의 생산자가 이러한 경로를 이용하고 있다.

유통경로의 형태

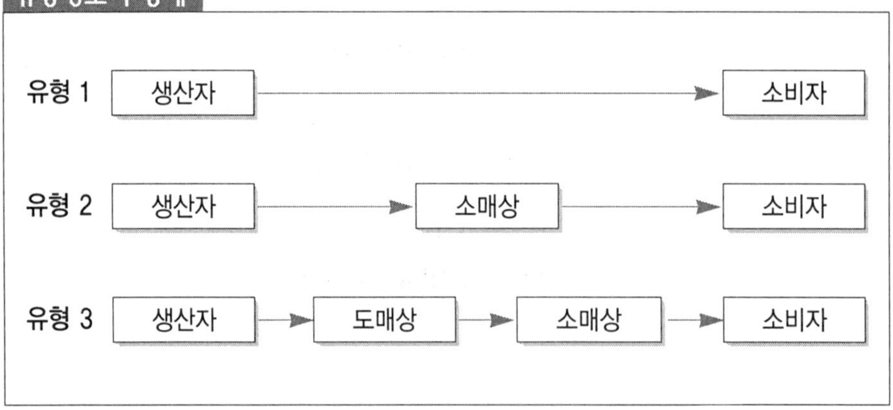

3 시장의 변천과정

시장은 원래 인류가 본격적으로 생산활동을 하던 시대부터 각자가 생산, 수렵, 획득에서 잉여물자를 일정한 장소에서 상호 교환한 것으로부터 출발하였다. 원시시대에는 산록, 평야, 강변, 해안, 광장 등에 어떤 시설도 없이 일정한 날에 소규모로 물물교환을 했으나 인구가 증가하고 화폐가 개발되어 취락지구가 형성되면서 시장이 형성되었다. 우리나라에서는 교환매매를 했던 일정한 장소를 장시(場市) 또는 장(場), 시장, 시상(市上)이라고 하고 상설의 상점을 시전(市廛), 시사(市肆), 전방, 전포, 전이라고 하였다.

삼국시대의 경우 신라 소지왕 12년(서기 490년경) 경주에 경사시를 개설하고 시장을 관리 감독하는 시전이 설립 운영되었고, 백제에서는 수도인 고마성에 경시가 있었으며 이를 관리하기 위해 도시부(都市部)를 두었으며, 고구려 역시 경시, 향시가 있었다.

고려시대에는 개경에 대표적인 시전(市廛)이 있었는데 이를 통해 도시민의 생필품을 판매하기도 하고 관수품을 조달하고 조세와 공납품 등 국고의 잉여품을 처분하기도 했으며, 지방의 상거래는 향시에서 이루어졌다.

조선시대의 시장은 고려시대부터 있었던 송도의 시전과 같은 관설시전과 3~5일 간격으로 열렸던 시골 향시 등 두 종류가 있었다. 조선 후기의 시장(향시 또는 지방장시)은 전국에 약 1천여개가 있었다. 개성상업의 발전과 더불어 발달한 객주(객주상인)는 각종 상품의 수집과 분배를 하는 도매와 같은 기능을 본업으로 하였으며, 부업으로 오늘날 유통금융이라 할 수 있는 신용업무를 겸하였다. 또한, 이들 객주는 근세 우리나라의 각종 상품의 유통주체가 되었고 위탁상으로 발전하였다.

일제는 자국의 상품판매망과 우리나라의 각종 주산물의 수집망을 공고히 하기 위하여 1914년 「시장규칙」을 제정 공포함으로써 우리나라에 있어서의 시장 개설과 감독권 및 상권과 시장세 징수권을 손아귀에 넣었다.

이후 일제는 우리나라의 물상객주 및 여객제도를 타파하고 일본계 특수상인층의 상권장악을 통한 독점적 권익 보호를 강화하기 위해 1923년에 중앙도매시장법을 제정하였으며, 1935년에는 부산중앙도매시장을, 1936년에는 경성중앙도매시장을 설치하였는데, 이는 명목상 우리나라 최초의 도매시장이 되고 있다.

해방 후 1951년에는 일제에 의해 제정된 중앙도매시장법이 폐지되고 우리 정부에 의해 중앙도매시장법이 제정되었으며, 우리 정부에 의해 시장법이 제정되었다는데 의의가 있으나 일제의 중앙도매시장법의 테두리를 벗어나지 못한 모방의 단계에 불과하였다.

도매시장에는 처음부터 중앙도매시장법에 의하여 허가된 법정도매인과 중앙도매시장법에 의하여 허가받지 않은 이른바 유사도매인이 혼재하는 상태가 되어 법정도매시장으로서의 건전한 발전을 기할 수가 없었다.

1960년대에 들어와서 농수산부는 생산자의 입장에 서서 농수산물도매시장에 대한 중요성을 인식하게 되었고, 농협은 생산자 보호를 위한 유통개선의 일환으로 농수산물 도매기능에 참가하여 1961년에 처음으로 부산에, 1962년에는 서울, 대전, 대구, 광주에 농협공판장을 개설하여 법정도매시장, 유사도매시장과 경쟁체계로 접어들었다.

1973년 농수산물 유통개선을 위해서 상공부 소관에 있는 중앙도매시장을 농수산부 소관으로 이관하여 중앙도매시장법을 폐지하고 농수산물도매시장법을 제정하여 공적 시장으로서의 성격을 강화하였으며, 도매시장의 시설근대화를 위한 의지를 보였으나 정책의지의 부재로 동법은 사실상 사문화되었다.

1976년 농수산물 도매시장법의 모순을 시정하고 농수산물 유통의 원활화 및 적정 농수산물가격 유지를 위하여 농수산물 유통 및 가격안정에 관한 법률을 제정하여 농수산물 도매시장을 공적 시장으로 건설 · 육성코자 농수산물 종합도매시장의 건설을 추진하게 되었는 바, 1985년 최초의 공영시장으로 개장한 서울시 가락동 농수산물도매시장의 건설이 그 대표적인 예이며, 이후 전국의 주요도시에도 개설하였다.

1991년부터 정부는 공공투자로 건설된 도매시장이 생산자와 소비자를 동시에 보호하고 유통참가자의 적정이윤 보장을 위해 과실류, 포장채소류 등 21개 품목에 대해 제1단계 상장경매제를 실시하였고 이의 성과를 바탕으로 1992년부터 가락시장의 경우 50개 품목, 지방도매시장의 경우 전품목에 대해 제2단계 상장경매제를 추진토록 하였다. 또한 전자경매 정착을 유도하여 거래의 투명성 확보는 물론 도매시장 정보화를 촉진하고 있으며, 특히 2000년 6월 1일부터 시행 중인 농안법에서는 시장도매인제도를 도입하게 되었다 .

4 시장의 역할

오늘날 일반적으로 시장이란 상품이 생산자로부디 소비자에게 인도되고 소유권이 이전되는 장소를 말한다. 과거 시장의 역할은 물품의 교환만이 이루어지는 원시적인 의미만을 가지고 있었으나, 사회가 고도로 복잡해지면서 시장의 역할 역시 다양해지고 있다.

❶ 판매자에게서 소비자로의 물품이동 및 교환장소

물품의 운송경로는 철도수송 방법을 통하거나 냉장차량 또는 항공 수송수단을 통하게 된다. 최근 포장기술의 발달과 신속한 수송으로 범세계적으로 시장이 확대되었으며, 모든 지역에서 생산된 식품을 세계 어느 곳에서나 사용할 수 있게 되었다.

❷ 판매자에게서 소비자로의 소유권 교환장소

시장은 소비자가 판매자로부터 물품을 구매하는 방법과 수단을 제공하는 역할을 수행한다. 소유권의 교환과정에서 거래는 전화상으로 이루어질 수 있고, 우편이나 제3자를 통해서도 이루어질 수 있다. 그러나 최종적으로 거래는 문서에 상세하게 기록되어야 법적인 효과를 갖게 된다.

❸ 판매자와 소비자 간의 정보 교환장소

시장은 판매자나 구매자에게 지속적인 정보를 제공, 교환하는 역할을 한다. 국내의 물자 공급에 관한 물량이나 품질에 관한 내용 및 이에 영향을 주는 기후조건, 세계시장의 여건에 대한 정보 등과 가격에 대한 정보, 기타 이용 가능한 포장형태 등에 관한 정보들이 상호 교환되는 곳이 바로 시장이라고 할 수 있다. 상인들은 이러한 시장 내에서 판매 라인별로 유통협회를 조직하여 판매를 촉진하고, 품질을 조절하며, 제품이 소비자의 요구를 만족시키는가의 여부를 감독하게 된다.

5 중간상인의 역할

유통경로는 도매상이나 소매상과 같은 조직이나 개인이 관여하여 상품이 소비자에게 효율적으로 전달되도록 해준다. 이러한 조직이나 개인을 중간상인 또는 경로구성원이라고 하며 이들은 다음과 같은 방법으로 거래가 효율적으로 일어날 수 있도록 해 주는 역할을 한다.

- 제조업체가 생산한 제품을 최종 소비자에게 전달하는 통로의 역할을 하며, 여기에는 도매상, 소매상 등의 중간상이 관여하여 상품이 소비자에게 효율적으로 전달될 수 있도록 해 줌으로써 거래의 수가 급격히 줄어들게 되어 거래비용이 감소하게 되고 상품의 가격이 내려간다.
- 생산자와 소비자 간의 불일치를 해소하는 역할을 한다. 즉 생산자와 소비자 간에는 장소의 불일치, 시간의 불일치, 구색의 불일치가 발생하게 되는데 중간상의 존재로 인해 이러한 불일치가 해소됨으로써 소비자가 원하는 때에 원하는 장소에서 원하는 상품을 구입할 수 있게 해준다.
- 시장의 상황에 대한 정보를 생산자에 제공하고 상품에 대한 정보를 소비자에 제공해 주기도 한다.
- 상품의 재고를 가지고 있게 되는데, 이것은 생산자의 재고부담을 줄여 주게 되고 또한 위험을 분산시키는 역할도 한다.
- 때때로 영세한 제조업자에 자금을 제공하거나 소비자에게 외상이나 할부를 제공함으로써 금융기능을 담당한다.

6 중간상인의 종류

(1) 도매상

도매업이란 재판매 또는 사업 목적으로 구입하는 소매상에게 제품이나 서비스를 판매하는데 관련된 모든 활동을 말하며, 이러한 도매활동에 전적으로 종사하는 사람이나 기업을 도매업자 또는 도매상이라 부른다. 도매업자가 소매업자와 다른 점은 도매상은 최종소비자가 아니라 소매상과 주로 거래를 하기 때문에 판촉, 장소 및 매장환경에 주의를 기울이지 않으며, 넓은 상권을 대상으로 하며 소매업자보다 대규모의 거래를 한다는 점 등이다.

❶ 상인도매상

취급하는 상품에 대한 독립적인 소유권을 가지는 사업체로서 재고 유지, 판매원의 이용, 신용 제고, 배달, 경영지도와 같은 종합적인 서비스를 제공하는 완전기능도매상과 자신의 공급자나 고객에게 몇 가지의 서비스만을 제공하는 한정기능도매상으로 나눌 수 있다.

❷ 대리도매상

상품에 대한 소유권을 갖지 않고 단지 마케팅 기능만 수행하여 상품의 매매를 용이하게 하며, 이에 대한 대가로서 판매가격의 2~6%에 해당하는 수수료를 받으며, 판매자와 구매자 간의 거래를 중개하는 거간과 양자의 한쪽을 대표하여 지속적인 관계를 유지하는 대리인으로 나눌 수 있다.

❸ 제조업자 영업점

독립적인 도매업자가 아니라 판매자 스스로에 의해 운영되는 도매업을 말한다. 생산자는 재고의 통제와 판매 및 촉진관리를 위해 자신들의 판매지점이나 판매사무소를 운영한다. 판매지점은 재고를 갖고 있으나 판매사무소는 재고를 갖고 있지 않다.

(2) 소매상

소매업이란 상품이나 서비스를 최종소비자에게 직접 판매하는 것과 관련된 모든 활동이다. 생산자나 도매업자들도 소매업을 할 수 있으나 대부분 소매상에 의해 수행된다. 소매업은 주로 소매점포에서 이루어지지만 최근 인적 판매나 우편, 전화 또는 자동판매기 등과 같은 무점포소매업 등도 크게 성장하고 있다.

❶ 백화점

1852년 프랑스 파리의 봉 마르셰 백화점을 효시로 유럽, 미국, 일본 등에서 지속적으로 성장해 온 소매업종으로 최근 할인점이나 전문점 등 새로운 유통업의 출현으로 경쟁이 심화되어 성장이 둔화되고 있으며, 의류, 가정용품 및 잡화 등을 중심으로 다양한 제품계열을 취급하고 있다.

❷ 슈퍼마켓

채소류, 육류, 농수산물 등의 식품을 중심으로 하되 잡화, 세탁용품, 가정용품, 편의품 등의 다양한 제품을 대규모로 낮은 원가와 낮은 마진을 남기며 셀프서비스로 판매하는 소매업태를 말한다. 대부분의 슈퍼마켓들은 체인에 의해 소유되어 운영되며, 최근에는 편의점, 할인점 등의 등장 및 경쟁심화로 식품 중심에서 벗어나 비식품 품목도 취급하여 규모도 대형화되고 있다.

❸ 편의점

운영비가 많이 들고 판매액이 적기 때문에 가격이 다소 높고, 한정된 상품만을 취급하고 소규모 점포이지만 편리한 위치에 입지하여 시간이 부족할 때도 편리하게 이용할 수 있고 24시간 영업으로 늦은 시간에도 간단히 이용할 수 있으므로 소비자들이 많이 이용하는 성공적인 업태이다.

또한 재고 회전이 매우 빠르고 대부분 프랜차이즈로 운영되어 규모의 경제를 실현하고 있다. 7-eleven, 로손, buy the way 등이 이에 속한다.

❹ 할인점

최소한의 실내장식만을 갖추고 대규모의 매장에서 다양한 유명 브랜드를 저렴한 가격에 판매하는 점포이며 백화점들보다는 교통이 불편하고 매장의 환경도 좋지 않은 곳에 설치하여 운영비를 절감하므로 가격은 저렴하고 광고를 많이 하며, 비교적 다양한 구색을 갖추고 있다. 당초 미국에서는 슈퍼마켓의 영업이 잘됨에 따라 할인점에서는 식품의 비중이 매우 낮았으나 최근 식품을 대폭 강화한 형태의 점포를 실험 중에 있다.

2005년 국내 할인점 점포 수 비교

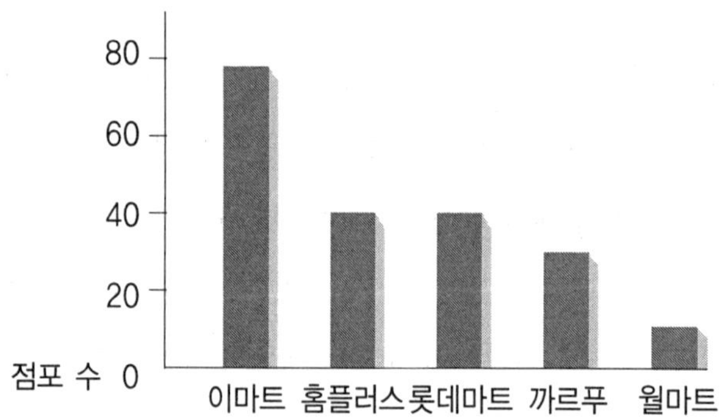

2005년 국내 할인점 매출액 비교

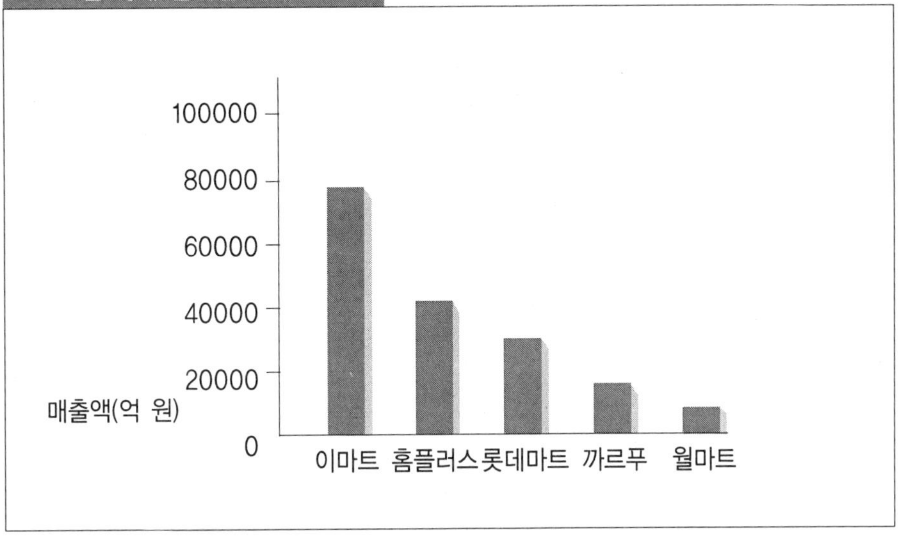

❺ 전문점

전문점에서는 취급하는 계열이 한정되어 있지만, 해당 계열 내에서는 매우 다양한 구색을 갖추고 있으며, 의류점 운동구점, 가구점, 꽃집, 서점 등이 여기에 속한다.

❻ 무점포 소매업

점포없이 영업하는 소매상을 말하며, 점포의 설치 및 운영에 들어가는 비용이 절감되고 입지에 관계없이 고객에게 접근이 가능하며, 소비자는 시간을 절약할 수 있는 장점이 있어 오늘날 점포 소매업보다 훨씬 빠른 속도로 성장하고 있다.

대표적인 무점포 소매업으로는 방문판매, 직접마케팅, TV홈쇼핑, 인터넷쇼핑몰, 자동판매기 등이 있다.

2002년 유통업종별 매출액 비교

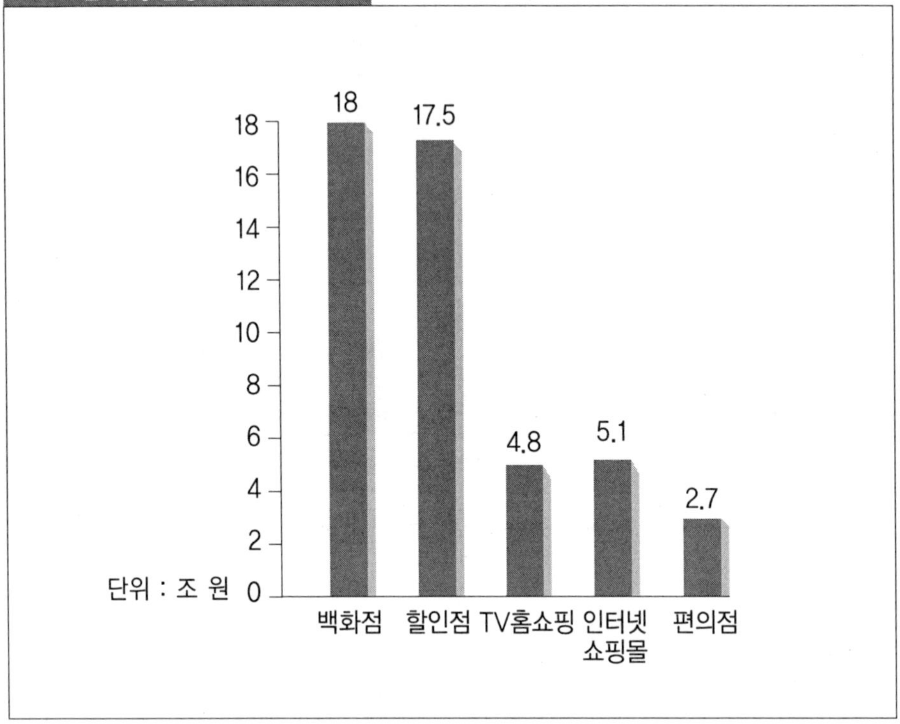

2절 식품의 유통

1 식품 유통의 특성

❶ 수급의 불안정

천재지변 등에 의해서 생산량이 직접적으로 영향을 받게 되며, 기후조건에 따라 풍흉이 달라진다. 또한 생산계획은 전년도 가격수준의 영향을 많이 받으며 생산품목 및 생산량은 생산농가의 개별적인 의향에 따라 결정되고 있다. 이러한 현실은 생산과 공급량을 불규칙하게 만들어서 수급불안정의 주요 원인이 되고 있다.

❷ 가격변동의 심화

계절의 기후에 따라 다량 생산, 출하되므로 제철이 아닌 경우에는 공급량이 줄어들어 계절에 따라 가격 등락의 폭이 심하다.

❸ 상품성 유지의 어려움

쉽게 부패, 변질되며 감모손실이 크고 시간이 경과할수록 상품성이 저하되는 특성을 가지고 있기 때문에 상품성 유지에 많은 어려움이 있다.

❹ 규격화의 어려움

공산품은 표준, 규격화가 엄밀하게 이루어지지만 농수산물은 같은 종류도 생산량과 품질이 균일하지 않기 때문에 표준화 및 규격화가 곤란하여 수송, 보관 등의 원활한 유통을 어렵게 한다.

❺ 유통비용의 과다

대부분 가격에 비해서 무게와 부피가 상대적으로 크며, 이에 따라 물품 선적, 운송, 보관에 많은 비용이 소요된다.

❻ 유통활동의 영세성

생산자가 전국적으로 분산되어 있고, 생산규모 또한 영세하기 때문에 시장교섭력이 미약하여 유통활동이 어렵다.

2 농수산물의 유통마진

소비자의 농수산물 구입에 대한 총지출액은 두 가지로 구성된다. 한 가지는 농민들에 대한 지출이고, 다른 한 가지는 유통과정에 종사하는 유통업자에 대한 지출이며, 이 중 유통업자에 지출되는 부분을 유통마진이라고 한다. 그러므로 농수산물 유통마진이란 최종 소비자의 지불가격과 생산농가의 수취가격과의 차이를 말한다.

따라서 유통마진에는 각 유통단계에 종사하고 있는 모든 유통기관들의 이윤(위험보상 포함)과 유통기능 수행에 따른 유통비용이 포함되며, 유통비용은 수송비, 보관비, 가공비, 저장비, 금융비용, 임차료 및 유통과정 중 발생한 감모비 등으로 구성된다.

유통마진 = 소비자 지불액 – 농가 수취액 = 유통비용 + 이윤

또한 도매가격과 농가 판매가격과의 차를 도매유통마진이라고 하며, 소매가격과 도매가격과의 차를 소매유통마진이라고 한다. 유통마진율은 다음과 같은 산식으로 계산한다.

유통마진율(%) = (소비자 지불액 – 농가 수취액) ÷ 소비자 지불액 × 100

농수산물은 일반적으로 공산품에 비하여 유통마진율이 높은데, 그 이유는 농수산물은 다수의 생산자로부터 다수의 소비자에게 전달되어야 하므로 수집과 분산과정이 길고 복잡하여 중간상인의 개입이 많을 뿐만 아니라 가격에 비해 상

대적으로 부피가 크고 부패나 변질이 쉽고 상품의 특성상 표준화가 어려워 저장, 수송 등 유통비용이 많이 들어가기 때문이다.

3 식품시장의 종류

(1) 산지시장

산지시장은 물품공급의 기본적 원천이 되는 곳으로서 주로 산지 근처에서 형성되며, 1차시장이라고도 한다. 산지시장은 소매시장에 대립되는 개념으로 농촌지역에서 수행되는 유통시장을 의미한다. 예를 들면 해안가의 수산시장이나 과수 단지의 청과물시장, 목축단지의 가축시장 등이 그 대표적인 예이다. 즉 유통경로로 볼 때 생산자가 상품을 판매하여 소비지의 도매시장 또는 소매시장에 도착하기 전까지의 유통단계이다.

(2) 도매시장

1) 도매시장의 종류 및 역할

식품관련 도매시장으로 "농수산물 유통 및 가격안정에 관한 법률"에서는 농수산물도매시장에 대하여 "특별시 · 광역시 또는 시가 양곡류 · 청과류 · 화훼류 · 수육류 · 어류 · 패류 · 해조류 및 임산물 등 대통령령이 정하는 품목의 전부 또는 일부를 도매하게 하기 위하여 제17조의 규정에 의한 농림부장관이나 해양수산부장관 또는 도지사의 허가를 받아 관할구역에 개설하는 시장"으로 규정해 놓고 있다.

농수산물도매시장은 시장의 규모에 따라서 중앙도매시장과 지방도매시장으로 구분할 수 있고, 시장의 성격에 따라서 법정도매시장과 농수산물공판장으로 구분할 수 있으며, 또한 법정도매시장은 공영도매시장, 일반법정도매시장 및 민영도매시장으로 나누고 있다.

시장의 규모에 따른 분류

시장 종류	정의
중앙도매시장	특별시 또는 광역시가 개설한 농수산물도매시장 중 당해관할구역 및 그 인접지역의 도매의 중심이 되는 농수산물도매시장으로서 농림부령 또는 해양수산부령이 정하는 시장
지방도매시장	중앙도매시장 외의 시장

시장의 성격에 따른 분류

시장 종류		정의
법정도매시장	공영도매시장	농수산물의 도매거래를 위하여 중앙 및 지방정부의 공동투자에 의해 지방자치단체가 개설하는 시장
	일반법정도매시장	민간의 투자로 농수축산물의 도매거래를 위해 지방자치단체가 개설하는 시장
	민영도매시장	민간인 등이 농수산물을 도매하기 위하여 시·도지사의 허가를 받아 특별시, 광역시 또는 시지역에 개설하는 시장
농수산물 공판장		농림수협 등이 농수산물을 도매하기 위하여 시·도지사의 승인을 얻어 개설하는 시장

전국 도매시장 거래현황

시장	부류별	2012년		2013년		2014년		2015년		2016년	
		물량	금액	물량	금액	물량	금액	물량	금액	물량	금액
공영 도매시장	청과부류	6,496	106,036	6,857	109,163	7,216	101,475	7,118	110,785	7,027	118,099
	수산부류	322	10,187	298	9,696	302	10,559	321	10,530	339	11,576
	축산부류	-	-	-	-	-	-	-	-	-	-
	소계	6,818	116,214	7,155	118,859	7,518	112,034	7,438	121,315	7,366	129,675
일반법정 도매시장	청과부류	49	865	48	923	50	770	49	809	47	783
	수산부류	106	3,757	95	3,565	96	3,710	90	3,528	75	3,155
	축산부류	77	3,203	62	1,428	63	1,632	65	1,671	66	1,497
	양곡류	60	1,109	61	1,231	38	666	29	529	29	525
	약용류	-	27	-	23	-	26	0.2	28	0.2	25
	소계	294	8,961	266	7,170	247	6,804	232	6,565	217	5,985
민영 도매시장	청과부류	12	211	11	210	12	192	12	204	15	258
	수산부류	-	-	35	3,217	37	3,910	34	3,603	32	3,444
총계		7,124	125,386	7,467	129,456	7,814	122,940	46	3,807	47	3,702

전국 농수산물 도매시장 현황

지역	합계	공영 도매시장	일반법정도매시장					민영 도매시장
			청과	수산	축산	양곡	약용	
서울	4	2		1		1		
부산	3	3						
대구	3	1			1		1	
인천	3	2			1			
광주	3	2			1			
대전	2	2						
울산	1	1						
경기	5	4						1
강원	3	3						
충북	2	2						
충남	2	1						1
전북	3	3						
전남	3	1	2					
경북	8	3	3	1				2
경남	3	3						
합계	49	33	5	2	3	1	1	4

2) 법정도매시장 종사자의 종류 및 역할

❶ 도매시장 개설자

농수산물 도매시장 개설은 허가제로 되어 있으며, 시장 개설자는 농림수산부장관의 허가를 받아 도매시장을 개설 또는 폐업하게 되어 있다. 서울특별시와 광역시는 시장이, 기타의 시는 도지사가 농림수산부장관의 허가를 받아 개설한다.

그러므로 개설자로서 역할을 담당한 시장이나 도지사는 산하에 시장관리사업소를 두어 공정하고 효율적인 거래가 이루어지도록 지도, 감독을 하며, 아울러 도매시장 시설을 관리 및 개선하는 업무를 담당하게 하고 있다.

❷ 산지유통인

농안법에서는 산지에서 농수산물을 수집하여 도매시장에 출하하는 산지유통인에 대해 개설자에게 등록하도록 하였다. 그간 일부 산지유통인은 산지 농어민과의 직접적인 거래에서 폭리를 취하거나 도매시장 중도매인과 연계되어 불법수집, 수탁행위의 가능성을 제공하여 왔는 바, 등록제의 실시로 산지 수집 시 그 횡포를 견제하고, 도매시장내 공정거래질서 확립에도 기여할 수 있을 것이다.

❸ 도매시장법인

도매시장을 효율적으로 운영, 관리토록 하기 위하여 도매시장 개설자가 농림수산부장관의 승인을 얻어 지정하여 지정하는 사람을 말하며, 흔히 도매업자라고 불린다.

이들은 산지의 생산자나 출하자로부터 생산물을 위탁받아 도매시장 내에 투입하여 상장, 진열한 후 자사의 경매사를 통하여 경매 또는 입찰에 의한 방법으로 거래가 이루어지도록 하는 것을 업무로 하는 업자를 말한다.

일단 상품이 낙찰되면 도매시장은 신속히 대금을 회수하는 등 산지 생산자나 출하자를 대표하는 역할을 하고 있으며, 이를 위해 엄격한 규제사항을 두고 있는데, 도매시장 이외의 장소에서는 영업을 금지하며, 도매업과 그 부대업무 이외의 사업에 대해서는 겸업을 금지하고 있다. 또한 항상 필요한 장부를 비치, 기록해야 하며, 일정한 보증금을 시에 납부할 의무를 부과하고 있으며, 전년도 거래금액의 1% 이상의 운전자금을 보유하도록 하고 있다.

이들은 생산자나 출하자를 보호하며 생산자의 위탁상품을 거래해 주는 대가로 일정률의 수수료를 수취하여 도매회사를 관리, 운영한다.

❹ 중도매인

도매시장에서 경매에 참가하여 농수산물을 구입하여 소매상 등에 분산시키는 주체로서 도매시장에 상장된 상품의 수급사정을 파악하고 상품을 감정, 평가하여 경매에 참가하여 거래가격을 결정하며, 구입한 상품의 일시적인 보관 및 가공하여 소매상 등에 분산시켜 주는 역할을 담당한다.

중도매인은 농수산물을 가능한 한 싼값에 구입하여 신속하게 소매상 등에 분산시켜 줌으로써 보다 많은 고객을 확보할 수 있다.

❺ 경매사

도매시장의 거래는 경매를 원칙으로 하기 때문에 경매사를 두게 되어 있으며, 경매사는 도매시장법인이 개설자의 승인을 얻어 임명한다. 경매사는 농산, 수산, 축산 등의 해당 부류 도매시장에서 경매사직에 종사한 경력이 있거나, 경매 보조업무에 1년 이상 종사한 경력이 있는 자로서 농수산물유통공사의 사장이 실시하는 경매사자격시험에 합격한 자로 농안법에 의한 자격요건을 갖춘 사람이어야 한다.

경매사는 도매시장법인에 소속되어 도매시장에 출하된 상품명, 등급, 수량 및 산지 등을 파악하여 경매 시 소개하고 경매 우선순위를 결정한 뒤 가격을 평가하여 이것을 경매 참여자들에게 호가하면서 경쟁을 유발시켜 최고가를 제시한 사람을 경락자로 결정한다. 또한 그 지역시장의 특성과 계절에 따라서 경매를 다소 적절히 조정하여 농수산물의 적정가격을 유지하는 책임과 권한도 갖고 있다.

그러므로 경매사는 상품이 입하된 실적이나 매출량 및 상품 출하지의 가격과 일기, 상품의 인기도, 품질 그리고 타 도매시장의 가격 및 물량 등을 파악할 수 있는 전문적인 지식과 경험을 가지고 생산자, 출하자, 중도매인, 매매참가인 등에게 신뢰를 줄 수 있어야 한다.

한편. 경매사는 도매시장법인에게 소속되어 있지만 신분은 기능상 공무원으로 간주되어 형법의 적용을 받는다.

❻ 매매참가인

매매참가인은 도매시장 개설자에게 등록하고 상장된 농수산물을 직접 매수하는 가공업자, 소매업자, 소매업자협동조합, 수출업자, 소비자단체 등 수요자를 말한다.

매매참가인 제도는 중매인에 의한 거래독점을 방지하고 가능한 다수인이 도매시장의 거래에 참여하도록 하여 유통단계를 단축하는데 그 의의가 있다.

그러나 매매참가인 제도는 정기적으로 대량구매를 할 수 있는 매매참가인이 수적으로 제한되어 있고, 매매참가인 자신이 상품을 볼 수 있는 지식이 부족하고, 가격을 예상하지 못하여 위험을 예측하지 못하며, 그들이 구입하는 상품량이 적기 때문에 크게 실효를 얻지 못하고 있는 실정이며, 향후 조직적 대형 소매기구가 발전하고, 상품의 규격화 등이 개선되면 보다 활성화될 것으로 전망된다.

(3) 소매시장

소매시장은 유통과정의 최종단계로서 생산된 상품을 최종 수요자인 소비자의 욕구와 기호에 맞추어 공급하고 각종 서비스를 제공하여 주는 시장이다. 소매시장의 주체는 소매상이며, 이들은 도매상의 가장 중요한 상품 구매자로서 소비자의 욕구에 응하여 상품을 보다 저렴하게 공급하고 서비스를 제공함으로써 사회적인 후생과 편익의 증진 및 기업의 생산성 제고에 기여한다.

이러한 소매시장에서는 최종소비자를 대상으로 판매활동을 기하기 때문에 소비자의 공간적 이동의 집결점을 찾아 점포 및 시장이 입지하며, 일반적으로 시장의 규모는 그 지역의 인구에 비례한다.

3절 시장조사

1 시장조사의 의의

기업의 목적은 이윤의 극대화이다. 기업은 이러한 목적을 효과적으로 달성하기 위해 매출을 증대시키려는 노력을 하는 반면, 한편으로는 재료비에서 차지하는 원가의 비중을 낮추려고 노력한다. 따라서 재료비의 구입단가를 낮추기 위해서는 가능한 저렴한 가격에 물품을 구매해야 하고 그러기 위해서는 물품의 가격이나 품질 및 시장의 수급상황에 대해서 많이 알고 있어야 한다.

구매부서에서는 이러한 노력의 일환으로 정기적으로 시장에 대한 조사를 실시하여 이에 대한 정확한 정보를 입수한다. 따라서 시장조사란 시장상황에 대한 정보를 정확히 수집, 분석하여 이를 토대로 효과적인 구매활동을 통해 기업의 목적 달성에 이바지하는 일련의 활동이며, 구매부서의 역할은 생산에 필요한 적정 품질의 물품을 가능한 저렴한 가격으로 적정한 시기에 구매하여, 생산 활동이 원활하게 이루어지도록 지원하고 아울러 원가절감을 도모하는데 있다.

특히 오늘날은 제조원가에서 차지하는 자재비의 비율이 점차 증가하고 있어 구매업무의 중요성은 날로 증대되고 있다. 이러한 구매활동을 효과적으로 수행하기 위해서 구매부서는 가격절충을 통해 구매가격의 인하를 시도하는 일 외에도 많은 노력을 구매조사에 기울일 필요가 있다. 즉 구매활동에 앞서 재료를 선택하는 단계에서부터 생산부서, 검수부서, 창고부서 등 유관부서와 밀접하게 협조하면서 소요되는 재료의 수요와 구매시장에 대한 실태를 정기적으로 조사할 필요가 있다.

이러한 시장조사를 실시하는 목적은 대체로 다음과 같이 대별할 수 있다.

- 시장가격의 동향 파악을 통한 구매예정가격의 결정
- 새로운 품목의 발견을 통한 품질의 개선
- 경쟁력 있는 업체의 개발
- 업체들과의 선린관계 유지를 통한 공급선의 안정적인 확보
- 시장상황에 대한 전반적인 동향 파악하여 합리적인 구매계획 수립에 반영

2 시장조사의 원칙

❶ 계획성의 원칙

시장조사를 실시하기 전에 사전에 철저한 조사계획을 수립함으로써 시장조사시에 발생할 수 있는 착오를 줄이고 아울러 조사비용도 절감할 수 있다.

❷ 적시성의 원칙

시장조사의 내용이 아무리 훌륭하더라도 구매업무의 수행에 도움이 되지 않으면 시장조사의 의미가 상실된다. 따라서 시장조사는 구매업무를 수행하는 소정의 시기 내에 완료되어야 한다. 따라서 통상 시장조사는 구매시점 전에 실시하는 것이 바람직하다.

❸ 경제성의 원칙

시장조사는 일정한 비용, 인력, 시간 등을 필요로 하므로 이러한 비용이 최소화되도록 노력해 시장조사의 비용과 효용성 간에 상호 조화가 이루어지도록 해야 한다.

❹ 정확성의 원칙

시장조사의 정확도는 단가결정, 저장관리 및 품질관리 커다란 영향을 미치게 되므로 시장조사의 내용은 정확해야 한다.

3 시장조사의 종류

❶ 시장동향 조사

이는 물품의 시가, 관련업계의 수급 변동상황, 구입처 대금 결제조건 등에 대한 조사이다. 이 조사의 결과는 일반적인 시장동향을 예측하여 향후의 구매정책과 전략 수립에 중요한 영향을 미칠 수 있으므로 정기적이고 지속적으로 실시되어야 한다.

❷ 품목별 조사

이는 현재 구입하고 있는 물품의 수급상황 및 가격동향에 대한 조사이다. 이 조사의 결과는 구매시기, 구매량, 품목변경, 구매가격 등에 대한 결정을 위한 자료로서 활용된다.

❸ 업체조사

이는 현재 거래하고 있는 업체나 제조원에 대한 경영상태를 조사하거나 새로운 업체에 대한 조사를 하는 일이다. 이를 통해 업체의 생산능력, 품질관리, 금융상황 등에 대한 조사를 통해 안정적 거래의 여부를 판단할 수 있으며, 또한 신규업체에 대한 조사를 통해 업체 간의 건전한 경쟁을 유도하고 유사 시 업체를 변경할 수도 있다.

❹ 유통경로 조사

생산에서 소비에 이르기까지 물품의 유통경로는 구매가격에 직접적인 영향을 미치므로 유통경로에 대한 조사를 통해 원가절감의 가능성 여부를 파악할 수 있다.

4 시장조사의 방법

구매부서에서는 실시하는 시장조사의 방법은 대체로 다음과 같이 분류할 수 있다.

❶ 방문조사

구매담당자가 시장을 방문하여 물품을 직접 보거나 업체의 관련자를 직접 만나 눈으로 확인하면서 조사하는 것을 말한다.

❷ 문헌조사

다양한 시청각 정보수단을 통해 간접적으로 정보를 수집하여 분석하는 것을 말하며, 필요 시 방문이나 전화를 통하여 추가적인 정보를 확인할 수도 있다.

예) 방송, 경제신문, 물가정보지, 업체의 설명서 및 카탈로그, 협회의 업체명부, 정부기관이나 연구소의 통계자료 등

❸ 인터넷조사

오늘날 점차 발달하는 인터넷을 통해 정보를 분석하는 것을 말한다.

예) 가락농수산물시장, 농수산물유통공사

❹ 사례조사

필요한 물품을 사용하고 있는 다른 경쟁기업들의 구매담당자와 정보 공유를 통해 물품의 사용사례를 조사하는 것이다.

❺ 전문가조사

물품의 생산이나 유통 또는 사용과 관련이 있는 전문가와의 면담을 통해 정보를 수집하고 물품의 생산, 특징, 유통, 문제점 등에 대한 자문을 구하는 것을 말한다.

시장조사보고서

1. 면담업체

회사명					
생산품					
면담자	직위		결정권자	직위	
	성명			성명	
주소					
전화					

2. 면담내용

소요식품	규격	월간소요량	구매형태			기존거래선		구매단가	비고
			직접구매	계약구매	시중구매	제조업체	공급업체		

3. 면담소견

담당	대리	과장	부장

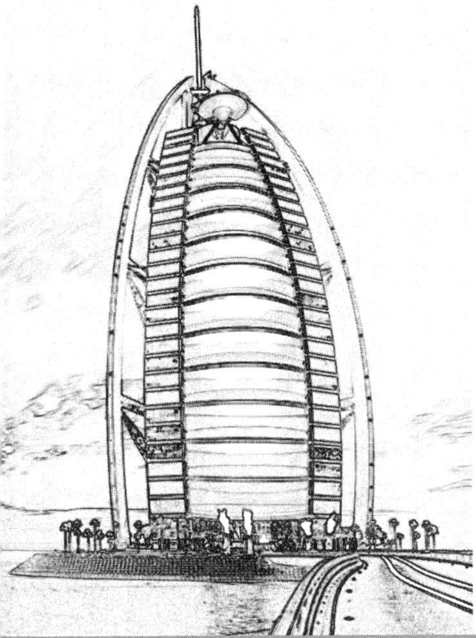

4장 구매의 유형

1절 집중구매와 분산구매

2절 수시구매와 정기구매

3절 기타의 구매유형

4장

구매의 유형

1절 집중구매와 분산구매

1 집중구매

중앙구매라고도 하며, 구매부서가 독립적으로 존재하여 조직 전체에서 필요로 하는 물품을 일괄적으로 구매하는 방법으로 고가의 품목이나 조직 전체에서 공통적으로 사용하는 물품, 대량물품, 구매절차가 복잡한 물품의 구매에 주로 사용된다.

(1) 장점

① 조직의 요구를 집중시킬 수 있으므로 대량구매에 따른 구매가격의 인하가 가능하다.

② 구매조직이 하나이므로 구매방침이 일관되고 절차도 잘 지켜진다.

③ 구매품의 발주, 독촉, 검사, 수령지불 등의 구매업무를 종합하여 행하므로 비용이 절감된다.

④ 구매부문의 책임자로 모든 구매활동을 직접 관리할 수 있으므로 스태프의 책임을 원활히 달성할 수 있다.

⑤ 거래처의 업자가 한정되므로 품질관리가 수월해진다.

⑥ 잉여품의 전용을 효과적으로 하여 재고량을 감소시킬 수 있다.

⑦ 전문적인 지식 · 기능이 활용되므로 구매기능의 향상이 기대된다.

(2) 단점

① 한 부서에서 여러 가지를 취급하므로 특별한 물품의 경우 사용부서에 비해 전문성이 떨어진다.

② 구매담당부서에서 사용부서까지 물품 입하에 시간이 많이 소요되므로 긴급필요 시에 불리하다.

③ 각 부문에 구매의 자립성이 없어 구매절차가 복잡해진다.

2 분산구매

독립구매라고도 하며 각 부서에서 필요한 물품을 그 부서에서 독자적으로 구매하는 방법으로 시장성 품목, 구매지역에 따라 가격의 차이가 없는 품목, 소량품목, 사무용품, 소모품, 부속품 등의 구매에 유리하다.

(1) 장점

① 구매절차가 단순하여 비교적 신속히 구매할 수 있다.

② 사용부서의 판단에 따른 독자적 구매가 가능하다.

③ 긴급수요의 경우에 유리하다.

④ 거래업자가 근거리에 있을 경우 운임 등 기타 경비가 절감되고, 차후 서비스 면에서 유리하다.

(2) 단점

① 집중구매에 비하여 경비가 많이 들고 가격도 비싸진다.

② 업체의 소재지가 먼 경우 적정한 시기에 구매하기 어렵다.

2절 수시구매와 정기구매

1 수시구매

사용부서로부터 구매신청서가 들어올 때마다 수시로 구매하여 공급하는 방식으로 수시로 필요한 품목, 비저장품목 등의 구매에 적당하다.

(1) 장점

① 재고가 없으므로 보관비용의 절감을 도모할 수 있다.

② 초과구매를 방지할 수 있다.

③ 생산품이나 생산방법이 새로이 채택될 경우 유리하다.

④ 가격하락이 예상될 때 유리하다.

(2) 단점

① 필요한 시기에 맞추어서 구매하기가 어렵다.

② 조달비용이 증가된다.

③ 소량구매 및 구매량이 일정하지 않으므로 수량할인의 혜택을 받지 못하며 가격결정이 불리하다.

2 정기구매

계속적으로 사용하는 물품을 정기적으로 구매하는 방법으로 창고의 재고물량이 일정 수준으로 떨어지면 자동적으로 구매하거나 구매계획에 의거하여 구매행위를 한다. 장점 및 단점은 대체로 수시구매의 경우와 반대이다.

3절 기타의 구매유형

1 예측구매

계속적으로 사용되는 물품에 대해서 장래의 수요를 예측하여 일정량을 미리 구매하여 재고로 보유하고 필요 시에 즉시 사용할 수 있도록 하는 구매방법으로 저장목적이나 계획생산 품목 등의 구매에 적합하다. 예측구매에서 투기적 이익을 얻기 위해 사전에 행한 구매는 제외된다.

(1) 장점

① 계획성 있는 구매로 수량할인 및 수송비 감소 등으로 비용절감이 가능하다.

② 재료부족의 위험 예방 및 장래 유망한 품질의 재료 확보를 통해 생산활동의 원활을 기할 수 있다.

③ 재고비용을 절감할 수 있다.

(2) 단점

① 가격하락 시 불리하다.

② 새로운 상품으로의 대체가 곤란하다.

2 공동구매

협력구매를 위하여 경영자나 소유주가 서로 다른 조직체들과 공동으로 구매하는 방식으로 공동구매를 하려는 각 조직체가 구매하려는 각 품목에 대한 명세서에 동의해야만 한다. 공동구매는 구매량이 할인을 받을 수 있을 정도로 많아지게 되므로 원가절감 효과가 기대되고, 개별 구매의 경우보다 공신력 있는 공급업체를 선정할 수 있어 공급력이 개선되고 강화될 수 있다는 장점을 지닌다.

3 시장구매

시장조사를 하는 도중에 물품을 구매할 필요가 있는 경우, 또는 업체가 납품을 거부하는 경우, 또는 구매자가 물품들을 직접 비교한 후 좋은 물품을 사고자

할 경우 시장이나 업체 등을 방문하여 구매를 하는 경우를 말한다. 이 경우 보통 거래금액이 소액일 경우에는 즉석에서 현금을 지불하나 거액일 경우에는 세금계산서 등을 받아 사후에 지불할 수도 있다.

4 리스

기업이 필요로 하는 물품을 충당하는 수단으로써 가장 중요한 것은 구매이나 최근 구매하는 것에 대한 대안으로 점차 많은 조직이 필요한 설비나 물품을 리스하는 방법에 의존하기 시작했다.

리스(lease)란 소비자에게 상품의 사용권을 일정 기간 대여하는 것을 말한다. 리스는 초기 고가품목에서 시작되었으나 최근에는 비교적 싼 품목에까지 확산되고 있다. 오늘날 같이 상품의 사회적 수명이 짧아진 시대에는 리스를 적절히 활용하는 것도 유리하며, 리스의 장점은 다음과 같다.

- 구매와 리스에 필요한 금액의 차액만큼 다른 분야 투자할 수 있다.
- 리스를 통해 최신 제품을 사용이 가능하게 된다.
- 리스품목은 임대인이 수리 및 관리 등을 부담하므로 이에 소요되는 경비와 노력을 절약할 수 있다.

그러나 기대되는 효용가치와 총비용을 세밀하게 비교, 검토하여 결정해야만 한다.

항공유 공동구매로 비용절감

대한항공이 속해 있는 국제 항공동맹 '스카이팀' 소속 항공사들이 최근 고유가로 인한 수익성 악화를 타개하기 위해 항공유 공동구매 등 비용절감을 위한 공동 대책에 나섰다. 대한항공 조양호 회장과 에어프랑스 장 시릴 스피네타 회장, 델타항공(미국) 폴 맷슨 부사장, 알리탈리아 조르지오 칼레가리 부사장, 아에로멕시코 로젤리오 가스카 회장, 체코항공 야로슬라프트브르딕 회장 등 스카이팀 소속 6개 회원사 CEO(최고 경영자)들은 10일 인천공항 하얏트 리젠시 인천호텔에서 항공유와 항공기 부품의 공동구매를 확대키로 합의했다.

스카이팀 소속 항공사들은 2001년부터 올 상반기까지 항공유 공동 구매를 통해 7억4000만 달러의 비용을 절감했고, 향후 공동구매량을 확대할 방침이다.

스카이팀은 또 기존 6개 회원사 외에 미국 노스웨스트와 콘티넨탈, 네덜란드 KLM 등 3개사를 올 9월 신규 회원으로 받아들이기로 결정했다.

스카이팀은 회원사가 9개로 늘어나면 회원 항공사들의 취항 도시가 133개 국 630개 도시로 늘어나고, 마일리지 제휴 서비스도 확대되어 승객이 늘어날 것으로 전망하고 있다.

대한항공 조양호 회장은 별도 기자 간담회에서 "2001년 9·11 테러 이후 급격히 줄었던 항공수요가 거의 대부분 회복됐으나, 보안과 관련된 비용이 증가하고, 고유가의 악재를 만나 수익성은 낮아졌다"고 말했다.

조 회장은 최근 제주노선의 운임인상과 관련, "국내선의 경우 매년 1000억 원 정도의 적자를 보면서도 가격 인상을 억제하고 있다"며 "제주노선도 주중 운임은 그대로 두고, 주말 운임만 올렸다"고 답했다.

조 회장은 최근의 경제상황에 대해 직답을 피하면서도 "(내가) 전경련 부회장으로 있으므로 전경련에서 '경제가 어렵다'고 발표했다면 나도 거기에 동의하는 셈"이라고 말했다.

그는 "적어도 항공업계는 고유가로 인해 2분기 수익성이 악화되는 등 상황이 나빠졌다"고 덧붙였다.

< 조선일보 >

LG전자의 공동구매

LG전자가 회사 차원의 공동구매 제도를 도입하는 등 부품 경쟁력을 좌우하는 구매 시스템을 확 바꾼다. 또 중소 전자 부품업체 인수에 나서는 등 부품사업을 대폭 강화한다.

회사측은 구매 혁신을 통해 연간 1천억 원이 넘는 비용절감 효과를 거두는 동시에 전자제품 경쟁력을 한단계 끌어올릴 수 있을 것으로 기대하고 있다.

10일 전자업계에 따르면 LG전자는 전자제품에 공통적으로 쓰이는 15개 가량의 부품에 대해 본사 및 3개 사업본부(가전, 디스플레이 미디어, 정보통신)에서 공동 구매하는 제도를 도입키로 하고, 최근 시범 운영에 들어갔다.

LG전자는 지금까지 냉장고, 에어컨, TV 등 19개 사업부별로 필요 부품을 개별적으로 사서 썼다. 새로운 시스템 도입으로 본사 구매전략팀은 회로소자, 커넥터, 축전지 등 10여 개 범용 부품을 일괄 구매하게 된다. 3개 사업본부에는 본부별 사업부에서 쓰이는 플라스틱, 철강, 반도체 소자 등 원재료 4~5종을 공동 구매하게 된다.

예컨대 에어컨의 경우 지금까지는 에어컨사업부에서 필요한 부품을 모두 조달했지만 앞으론 △회로소자 등은 본사에서 △플라스틱 등은 가전사업본부에서 △팬모터 응축기 등은 에어컨 사업부에서 각각 조달한다는 얘기다.

LG전자 관계자는 "16조 원에 달하는 연간 부품 구매액의 20~30%인 4조 원 가량이 공동구매 대상"이라며 "공동구매로 납품가 협상력이 높아지면 지금보다 구입단가를 2~3% 가량 낮출 수 있기 때문에 연간 1천억 원 이상 원가를 절감할 수 있다"고 설명했다.

LG전자는 시장상황을 봐가며 공동구매 대상 부품을 늘리는 동시에 LG필립스, LCD LG이노텍, LG마이크론 등 계열사들과의 공동구매를 추진하는 방안을 검토 중이다. LG전자는 아울러 '부품 내재화(內在化)율'을 높이기 위해 자체적인 부품 사업을 강화해 나가기로 했다.

이를 위해 기술력을 갖춘 일부 중소 전자 부품업체 인수에 나섰으며, MP3 플레이어 등에 들어가는 메모리카드 일부를 직접 생산키로 했다. 또 휴대폰용 카메라모듈, 휴대폰 배터리 등 주요 부품에 대한 외국업체 구매 비중을 낮추는 대신 LG이노텍, LG화학 등 계열사 생산품 구입을 늘려갈 예정이다.

이와 관련, LG전자는 지난달 전자 계열사들과 함께 처음 개최한 '전자 소그룹 부품사업전략회의'를 연 2회씩 정례화해 주요 부품 개발 및 설비 투자 협력을 강화키로 했다.

LG전자는 아울러 내년 말까지 계열사를 포함한 국내외 2천 5백여 개 협력업체 중 기술력과 일정 수준 이상의 생산능력을 갖춘 업체를 선정, 이들 업체에 대해선 제품 기획단계부터 프로젝트에 참여토록 제도화하기로 했다.

LG전자 관계자는 "설계 도면대로 부품을 생산하는 데 그치지 않고 부품 설계능력을 키워줌으로써 부품의 성능과 생산단가를 낮출 수 있을 것"이라고 말했다.

< 한국경제 >

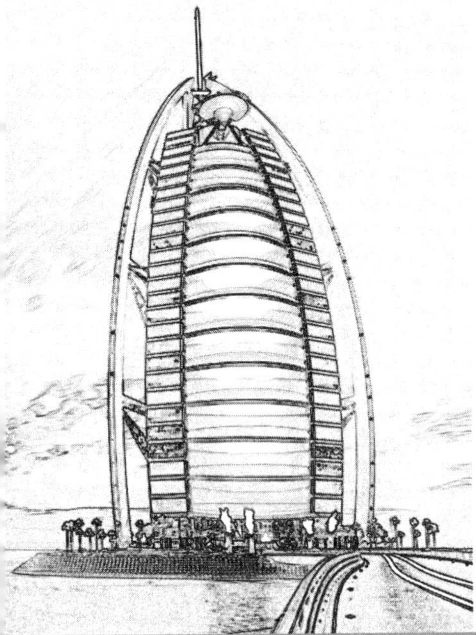

5장 구매계약

1절 계약의 효력 발생
2절 계약의 효력 소멸
3절 구매계약의 방법

5 장
구매계약

1절 계약의 효력 발생

계약이란 광의로는 법률상 일정한 효과의 발생을 목적으로 복수의 당사자 사이에 서로 반대되는 둘 이상의 의사표시의 합치에 의해 성립되는 법률행위를 말한다. 그러나 협의로는 넓은 의미의 계약 중 채권 및 채무의 발생을 목적으로 하는 법률행위만을 말하며, 통상의 계약은 협의의 계약을 말한다.

계약은 계약내용에 대한 청약과 이러한 청약에 대한 승낙으로 성립한다. 청약이란 어떠한 내용의 계약을 체결할 것을 상대방에게 요청하는 행위이며, 승낙은 청약자가 제시한 계약내용에 합의를 표명함을 말한다.

또한 계약의 법적 효력의 발생시기는 계약의 일방이 견적서나 입찰서를 제출한 후 낙찰 등에 의하여 청약행위가 승낙되어 그 승낙된 사실이 낙찰자에게 통보되어 낙찰자가 이를 접수한 순간부터 발생한다. 따라서 낙찰된 사실을 낙찰자가 통보받는 순간부터 사실상 구매계약은 성립한 것이며, 계약서의 작성은 이미 성립한 계약내용을 문서화하는 요식행위에 불과하다.

2절 계약의 효력 소멸

물품을 구매하는 사람은 체결된 계약의 필요에 따라 해제 또는 해지할 수 있으며, 구매계약의 효력은 계약의 종료나 해제, 해지로 소멸한다.

해제란 계약체결로 인하여 발생하는 법률효과를 소급하여 무효로 함을 말한다. 즉 해제는 유효하게 성립된 계약의 효력을 소급하여 소멸시키는 당사자의 일방적 의사표시로서 납품업자가 약정된 납품기일까지 납품을 하지 않을 때, 또는 납품업자의 귀책사유로 계약내용의 이행이 불가하게 된 때에 상대방이 이를 해제할 수 있다.

이와 달리 해지란 계약의 체결 후 계속적 채권관계를 장래에 향하여 소멸시키는 일방적 의사표시이며, 따라서 이미 진행된 계약내용은 유효하다. 실제 거래에서 많이 사용되는 해약은 법률상의 용어가 아니며, 그 내용에 따라 해제 또는 해지로 해석한다.

이처럼 계약이 해제나 해지가 되면 법률효과가 과거 또는 장래에 향하여 무효로 되므로 납품업자 측에서 볼 때는 원상회복이나 손해배상의 부담을 지게 되고, 발주자의 입장에서 볼 때는 생산이나 납품의 중단 등의 부담을 감수해야 하므로 이러한 문제를 결정할 때는 피차 신중을 기해야 한다.

3절 구매계약의 방법

구매계약의 방법은 경쟁입찰과 수의계약의 두 가지가 있는데, 경쟁입찰방법은 공식 구매방법이라고도 불리며 일반경쟁계약과 지명경쟁계약으로 분류할 수 있고, 수의계약방법은 비공식 구매방법이라고도 불리며 복수견적방법과 단일견적방법으로 나눌 수 있다.

경쟁입찰은 입찰을 희망하는 자는 누구든지 응찰하게 함으로써 그 중에서 예정가격에 가장 합당한 가격으로 응찰한 업자에게 낙찰하는 방법이다. 이처럼 다수의 입찰자를 경쟁시킴으로 이득을 취하려는 경쟁입찰과는 달리 수의계약은 어느 한 계약자와 단독으로 계약을 체결하는 방법이다.

그러나 어느 계약방법이든 업체의 이익을 최대로 보장하는 계약방법을 적용하는 것이 좋다. 특히 호텔이나 외식업체의 경우는 업자와의 유대관계가 특히 중요하고, 또한 식품의 수급은 공산품과는 달리 유통이나 수급체계가 원활하지 못하므로 경쟁입찰보다는 수의계약이 더 유리할 때가 많다.

구매계약의 방법

대분류	소분류
경쟁입찰	일반경쟁계약
	지명경쟁계약
수의계약	복수견적방법
	단일견적방법

1 일반경쟁계약

(1) 의의

일반경쟁계약이란 입찰 및 계약에 관한 사항을 신문 또는 게시와 같은 방법을 통하여 일정 기간 동안 일반에게 널리 공고함으로 응찰자를 모집하고, 입찰에 있어 상호 경쟁시켜 가장 타당성 있는 입찰가격을 제시한 응찰자에게 낙찰시키는 계약방법으로 공공기관에서는 원칙적으로 이 방법을 적용해야 한다(국가계약법 7조 및 시행령 10조).

일정 기간이라고 하는 공고기간은 국가계약법상 통상 10일이며, 긴급할 때는 5일까지 할 수 있다. 타당성 있는 입찰가격이란 예정가격에 비해 가장 타당한 입찰가격을 말하며, 구매할 때는 최저입찰가격, 반대로 자산을 처리하는 경우에는 최고입찰가격이 된다.

(2) 계약절차

계약절차는 공고, 입찰, 개찰, 낙찰 및 계약체결의 순서로 나눌 수 있다.

❶ 공고

국가계약법에 의하면 입찰방법에 의하여 경쟁에 붙이고자 할 때에는 입찰서 제출마감일의 전일부터 기산하여 적어도 10일 전에 관보, 신문, 게시, 기타의 방법으로 공고하여야 한다(국가계약법 8조, 시행령 33조 및 35조). 최소의 공고기간을 10일로 한 것은 응찰자에게 충분한 참여의 기회를 주고자 하는데 목적이 있으므로 공고기간은 공고자의 사정이 허용하는 한 길게 잡는 것이 좋다.

입찰공고의 내용에는 다음 사항이 포함된다(시행령 36조).

① 입찰에 부치는 사항

② 입찰 또는 개찰의 장소와 일시

③ 입찰 참가자의 자격

④ 입찰보증금과 그 귀속에 관한 사항

⑤ 입찰무효에 관한 사항

⑥ 기타 필요한 사항

또한 낙찰자가 계약을 체결하지 않을 경우, 입찰보증금은 입찰 공고자에게 귀속된다는 사실을 공고 내용에 명시하여야 한다.

❷ 입찰

입찰이란 경매 등에서 여러 사람의 희망자가 각자의 예정값을 적어 내게 하는 일을 말하며, 입찰공고에 의하여 입찰에 응하고자 하는 업자는 입찰서를 제출한다. 입찰에 참여할 수 있는 자격은 원칙적으로 제한을 두어서는 안 된다. 입찰은 일종의 경쟁방법이며, 경쟁입찰은 2인 이상이 입찰함으로써 성립된다(시행령 11조).

일반적으로 다음 각 호의 1에 해당하는 업자는 일정 기간 동안 입찰자격의 정지를 명할 수 있다.

① 계약의 이행에 있어서 고의로 공사나 재고를 조작하거나 물건의 품질 또는 수량에 관하여 부정행위를 한 자

② 부당하게 가격을 인상하거나 또는 인하할 목적으로 담합한 자

③ 타인의 입찰 참가를 방해하거나 또는 경락자의 계약체결이나 이행을 방해한 자

④ 정당한 이유없이 계약을 체결하지 아니한 낙찰자

⑤ 정당한 이유없이 계약을 이행하지 아니한 자

⑥ 응찰자격에 관한 서류나 기타 계약에 관한 서류를 위조하거나 변조한 자

응찰하고자 하는 업자는 입찰금액의 5/100 이상의 입찰보증금을 납부하여야 한다(국가계약법 시행령 37조). 입찰보증금은 입찰에 의한 청약행위를 청약자 마음대로 철회할 수 없도록 하기 위해 일반적으로 입찰액의 10% 이상으로 한다.

입찰보증금은 입찰에 대한 하나의 담보이므로 담보가 될 수 있는 충분한 금액이면 된다. 따라서 호텔이나 외식업체에서 입찰보증금을 얼마로 할 것인가는 계약의 중요성에 따라 결정할 문제이다. 입찰보증금은 현금, 수표 또는 보증보험증권으로 납부할 수 있다.

❸ 개찰

개찰은 원칙적으로 입찰공고에 표시된 장소와 일시에 입찰자가 첨석한 자리에서 행하여야 한다(시행령 40조). 그러나 호텔이나 외식업체에서 비교적 빈번하게 이루어지는 입찰의 경우에는 입찰서나 견적서를 우편에 의하여 받거나 입찰자의 입회 없이도 개찰하는 경우가 많다.

입찰자는 일단 제출한 입찰서에 대하여 변경하거나 취소할 수 없으며, 다음의 경우에는 입찰이 무효가 된다(시행령 39조).

① 입찬 참가자격이 없는 자가 행한 입찰

② 소정 기일까지 입찰보증금을 납부하지 않은 자가 행한 입찰

③ 소정 기일까지 소정의 장소에 도착하지 않은 우편입찰

④ 입찰자의 성명이 불확실한 것

⑤ 기타 입찰서의 요건이 미비한 것

❹ 낙찰

낙찰은 계약의 상대방을 선정하는 것이며, 입찰에 의한 업자의 청약을 승낙하는 법률행위이다. 경쟁입찰에서는 예정가격 이하의 최저 입찰자에게 낙찰되며, 예정가격 이하의 입찰자가 없을 경우에는 재입찰에 붙일 수 있다. 만약 낙찰자가 계약의 체결을 거부할 경우에는 납부된 입찰보증금은 돌려 받을 수 없다(법 9조).

❺ 계약체결

계약을 체결할 때에는 계약의 목적, 계약금액, 계약기간, 규격과 수량, 계약이행, 손해배상, 계약해제 및 해지, 지체상금, 조문 해석, 재판 관할구역 등 필요한 사항을 상세히 계약서에 기재한다. 그러나 소액인 경우는 계약서 대신 견적서 및 발주서로 대신하는 경우도 있다.

국가계약법상의 계약보증금, 하자보수보증금 및 지체상금에 대한 규정은 다음과 같다.

구분	금액기준	법 조문
계약보증금	계약금액의 100분의 10 이상	국가계약법 10조, 시행령 50조 및 51조
하자보수보증금	계약금액의 100분의 2 이상 100분의 10 이하	국가계약법 18조, 시행령 62조
지체상금	계약금액 x 일정 비율 x 지체일 수	국가계약법 26조, 시행령 74조

(3) 일반경쟁계약의 장 · 단점

❶ 장점

① 참가자격 및 절차가 공개적이고 공정하여 사후에 잡음이 발생할 여지가 적다.

② 많은 사람들을 입찰에 참가시킬 수 있어 새로운 업자를 발견할 수 있다.

❷ 단점

① 절차가 복잡하여 긴급 시에는 시기를 놓칠 우려가 있다.

② 자본, 신용, 경험이 불충분한 업자가 응찰할 가능성이 있다.

2 지명경쟁계약

(1) 지명경쟁계약의 의의

지명경쟁계약은 누구나 낙찰되면 계약내용을 수행할 수 있는 것이 아니라 특정한 조건을 구비한 업자만이 계약내용을 이행할 수 있다고 판단된 때, 이러한 업자들만을 대상으로 경쟁입찰하는 계약방법이다.

국가계약법에 「계약의 성질 또는 목적에 의하여 특수한 설비, 기술, 자재, 물품 또는 풍부한 신용과 실적이 있는 자가 아니면 계약의 목적을 달성하기 곤란하다고 인정할 때에 지명경쟁계약을 체결할 수 있다」라고 규정하였다. 따라서 지명경쟁계약에 있어서 중요한 것은 지명할 업자를 선정하는 일이며, 특히 시설, 자본상태, 신용도, 경영진의 능력 등이 종합적으로 검토되어야 한다. 선정된 업자에 대하여는 입찰권유서를 발부하여 입찰에 응하도록 유인한다. 기타 입찰절차에 있어서는 일반경쟁계약에 준한다.

(2) 지명경쟁계약의 장단점

❶ 장점

① 계약이행의 가능성이 높다.

② 경비가 절약되고 절차가 간편하다.

❷ 단점

① 공정성이나 부정에 대한 시비가 발생할 여지가 있다.

② 업자 간에 담합할 가능성이 많다.

3 수의계약

(1) 수의계약의 의의

수의계약은 경쟁에 붙이지 않고 계약내용을 이행할 자격을 가진 특정인과 계약을 체결하는 계약방법을 말한다. 이 방법은 특정한 업자와의 계약이 가장 유리하다고 판단될 때 사용된다. 주로 판매업자와 전화에 의해서 또는 개인적으로 주문이 이루어지며, 일반적으로 다음의 경우에 많이 사용된다.

① 구매량이나 금액이 적은 경우

② 업체의 규모가 작은 경우

③ 물품에 대한 납품업자가 소수일 경우

④ 긴급하고 즉각적인 배달이 요구될 경우

⑤ 시장과 가격의 안정성이 불확실한 경우

⑥ 경쟁입찰에 의한 계약의 체결에 실패한 경우

(2) 수의계약의 장단점

❶ 장점

① 절차가 간편하고 경비와 인원을 절약할 수 있다.

② 상대방의 사정을 잘 알 수 있으므로 우수한 업체를 선정할 수 있다.

❷ 단점

① 불공평하고 불합리한 가격으로 계약을 체결하기 쉽다.

② 새로운 업자를 발견하기 어렵다.

【국가를 당사자로 하는 계약에 관한 법률】

이 법률은 국가를 당사자로 하는 계약에 관한 기본 사항을 정함으로서 계약업무를 원활히 수행하기 위하여 제정한 법으로 1995년 제정되었다. 예산회계법 제6장의 계약에 관한 규정을 삭제하고 이를 대체하는 법률로 제정되었으며, 국제입찰에 의한 정부조달계약, 세입의 원인이 되는 계약을 포함하여 국가가 대한민국 국민을 계약 상대자로 한 계약 등 국가를 당사자로 하는 계약에 적용한다.

제1조 (목적)

이 법은 국가를 당사자로 하는 계약에 관한 기본적인 사항을 정함으로써 계약업무의 원활한 수행을 도모함을 목적으로 한다.

제5조 (계약의 원칙)

① 계약은 상호 대등한 입장에서 당사자의 합의에 따라 체결되어야 하며, 당사자는 계약의 내용을 신의성실의 원칙에 따라 이를 이행하여야 한다.

② 각 중앙관서의 장 또는 계약담당공무원은 제4조제1항의 규정에 의한 국제입찰의 경우에는 호혜의 원칙에 따라 정부조달협정 가입국의 국민 및 이들 국가에서 생산되는 물품 또는 용역에 대하여 대한민국의 국민 및 대한민국에서 생산되는 물품 또는 용역과 차별되는 특약 또는 조건을 정하여서는 아니된다.

제7조 (계약의 방법)

각 중앙관서의 장 또는 계약담당공무원은 계약을 체결하고자 하는 경우에는 일반경쟁에 부쳐야 한다. 다만, 계약의 목적 · 성질 · 규모 등을 고려하여 필요하다고 인정될 때에는 대통령령이 정하는 바에 의하여 참가자의 자격을 제한하거나 참가자를 지명하여 경쟁에 부치거나 수의계약에 의할 수 있다.

제8조 (입찰공고)

① 각 중앙관서의 장 또는 계약담당공무원은 경쟁입찰에 의하는 경우에는 입찰에 관한 사항을 공고 또는 통지하여야 한다.

② 제1항의 규정에 의한 입찰공고 또는 통지의 방법 · 내용 · 시기 기타 필요한 사항은 대통령령으로 정한다.

제9조 (입찰보증금)

① 각 중앙관서의 장 또는 계약담당공무원은 경쟁입찰에 참가하고자 하는 자로 하여금 입찰보증금을 납부하게 하여야 한다. 다만, 대통령령이 정하는 경우에는 입찰보증금의 전부 또는 일부의 납부를 면제할 수 있다.

② 제1항의 규정에 의한 입찰보증금의 금액 · 납부방법 기타 필요한 사항은 대통령령으로 정한다.

③ 각 중앙관서의 장 또는 계약담당 공무원은 낙찰자가 계약을 체결하지 아니한 때에는 당해 입찰보증금을 국고에 귀속시켜야 한다. 이 경우 제1항 단서의 규정에 의하여 입찰보증금의 전부 또는 일부의 납부를 면제한 경우에는 대통령령이 정하는 바에 의하여 입찰보증금에 해당하는 금액을 국고에 귀속시켜야 한다.

제10조 (경쟁입찰에 있어서의 낙찰자 결정)

① 세입의 원인이 되는 경쟁입찰에 있어서는 최고가격의 입찰자를 낙찰자로 한다. 다만, 계약의 목적, 입찰가격 및 수량 등을 고려하여 대통령령으로 기준을 정한 경우에는 그러하지 아니하다.

② 국고의 부담이 되는 경쟁입찰에 있어서는 다음 각호의 1의 기준에 해당하는 입찰자를 낙찰자로 한다.

1. 충분한 계약이행능력이 있다고 인정되는 자로서 최저가격으로 입찰한 자
2. 입찰공고 또는 입찰설명서에 명기된 평가기준에 따라 국가에 가장 유리하게 입찰한 자
3. 기타 계약의 성질 · 규모 등을 감안하여 대통령령으로 특별히 기준을 정한 경우에는 그 기준에 가장 적합하게 입찰한 자

제11조 (계약서의 작성 및 계약의 성립)

① 각 중앙관서의 장 또는 계약담당공무원은 계약을 체결하고자 할 때에는 계약의 목적 · 계약금액 · 이행기간 · 계약보증금 · 위험부담 · 지체상금 기타 필요한 사항을 명백히 기재한 계약서를 작성하여야 한다. 다만, 대통령령이 정하는 경우에는 이의 작성을 생략할 수 있다.

② 제1항의 규정에 의하여 계약서를 작성하는 경우에는 그 담당공무원과 계약상대자가 계약서에 기명 · 날인 또는 서명함으로써 계약이 확정된다.

제12조 (계약보증금)

① 각 중앙관서의 장 또는 계약담당공무원은 국가와 계약을 체결하고자 하는 자로 하여금 계약보증금을 납부하게 하여야 한다. 다만, 대통령령이 정하는 경우에는 계약보증금의 전부 또는 일부의 납부를 면제할 수 있다.

② 제1항의 규정에 의한 계약보증금의 금액 · 납부방법 기타 필요한 사항은 대통령령으로 정한다.

③ 각 중앙관서의 장 또는 계약담당공무원은 계약상대자가 계약상의 의무를 이행하지 아니한 때에는 당해 계약보증금을 국고에 귀속시켜야 한다. 이 경우 제1항 단서의 규정에 의하여 계약보증금의 전부 또는 일부의 납부를 면제한 때에는 대통령령이 정하는 바에 의하여 계약보증금에 해당하는 금액을 국고에 귀속시켜야 한다.

제18조 (하자보수보증금)

① 각 중앙관서의 장 또는 계약담당공무원은 공사의 도급계약에 있어서 계약상대자로 하여금 그 공사의 하자보수를 보증하기 위하여 하자보수보증금을 납부하게 하여야 한다. 다만, 대통령령이 정하는 경우에는 하자보수보증금의 전부 또는 일부의 납부를 면제할 수 있다.

② 제1항의 규정에 의한 하자보수보증금의 금액 · 납부시기 · 납부방법 · 예치기간 기타 필요한 사항은 대통령령으로 정한다.

③ 제12조제3항의 규정은 하자보수보증금에 관하여 이를 준용한다. 다만, 당해 하자의 보수를 위한 예산이 없거나 부족한 경우에는 그 하자보수보증금을 당해 하자의 보수를 위하여 직접 사용할 수 있다.

④ 제3항 단서의 경우에 그 사용잔액은 국고에 납입하여야 한다.

제19조 (물가변동 등에 의한 계약금액조정)

각 중앙관서의 장 또는 계약담당공무원은 공사 · 제조 · 용역 기타 국고의 부담이 되는 계약을 체결한 다음 물가의 변동, 설계변경 기타 계약내용의 변경으로 인하여 계약금액을 조정할 필요가 있을 때에는 대통령령이 정하는 바에 의하여 그 계약금액을 조정한다.

제26조 (지체상금)

① 각 중앙관서의 장 또는 계약담당공무원은 정당한 이유없이 계약의 이행을 지체한 계약상대자로 하여금 지체상금을 납부하게 하여야 한다.

② 제1항의 규정에 의한 지체상금의 금액 · 납부방법 기타 필요한 사항은 대통령령으로 정한다.

③ 제18조제3항 단서의 규정은 제1항의 지체상금의 경우에 이를 준용한다.

제27조 (부정당업자의 입찰참가자격 제한)

① 각 중앙관서의 장은 대통령령이 정하는 바에 의하여 경쟁의 공정한 집행 또는 계약의 적정한 이행을 해칠 염려가 있거나 기타 입찰에 참가시키는 것이 부적합하다고 인정되는 자에 대하여서는 일정기간 입찰참가자격을 제한하여야 하며, 이를 다른 중앙관서의 장에게 통보하여야 한다. 이 경우 통보를 받은 다른 중앙관서의 장은 대통령령이 정하는 바에 의하여 해당자의 입찰참가자격을 제한하여야 한다.

【국가를 당사자로 하는 계약에 관한 법률 시행령】

제11조 (경쟁입찰의 성립)

경쟁입찰은 2인 이상의 유효한 입찰로 성립한다.

제23조 (지명경쟁입찰에 의할 계약)

① 법 제7조 단서의 규정에 의하여 지명경쟁입찰에 부칠 수 있는 경우는 다음 각호와 같다.

1. 계약의 성질 또는 목적에 비추어 특수한 설비 · 기술 · 자재 · 물품 또는 실적이 있는 자가 아니면 계약의 목적을 달성하기 곤란한 경우로서 입찰대상자가 10인 이내인 경우
2. 추정가격이 3억 원(건설산업기본법에 의한 전문공사, 전기공사업법에 의한 전기공사, 정보통신공사업법에 의한 정보통신공사 또는 소방법에 의한 소방공사의 경우에는 1억 원) 이하인 공사를 하거나 추정가격이 1억원 이하인 물품을 제조할 경우
3. 추정가격이 5천만 원 이하인 재산을 매각 또는 매입할 경우
4. 예정임대 · 임차료의 총액이 5천만 원 이하인 물건을 임대 · 임차할 경우
5. 공사나 제조의 도급, 재산의 매각 또는 물건의 임대 · 임차외의 계약으로서 추정가격이 5천만 원 이하인 경우.

제24조 (지명경쟁입찰 대상자의 지명)

① 각 중앙관서의 장 또는 계약담당공무원은 제23조의 규정에 의하여 지명경쟁입찰에 부치고자 할 때에는 5인 이상의 입찰대상자를 지명하여 2인 이상의 입찰참가 신청이 있어야 한다. 다만, 지명대상자가 5인 미만인 때에는 대상자를 모두 지명하여야 한다. <개정 1998.2.2>

② 제1항의 경우에는 제36조 각호의 사항을 각 입찰대상자에게 통지하여야 한다.

③ 각 중앙관서의 장 또는 계약담당공무원은 제1항의 규정에 의하여 입찰대상자를 지명하고자 할 때에는 재정경제부령이 정하는 바에 의하여 이를 통지하고 입찰참가 여부를 확인하여야 한다.

제26조 (수의계약에 의할 수 있는 경우)

① 법 제7조 단서의 규정에 의하여 수의계약에 의할 수 있는 경우는 다음 각호와 같다.

1. 천재 · 지변, 작전상의 병력이동, 긴급한 행사, 긴급복구가 필요한 수해 등 비상재해, 원자재의 가격급등 기타 이에 준하는 경우로서 경쟁에 부칠 여유가 없을 경우
2. 국가기관의 행위를 비밀리에 할 필요가 있을 경우
3. 다른 국가기관, 지방자치단체와 계약을 할 경우
4. 특정인의 기술 · 용역 또는 특정한 위치 · 구조 · 품질 · 성능 · 효율 등으로 인하여 경쟁을 할 수 없는 경우로서 다음 각목의 경우.

제27조 (재공고입찰과 수의계약)

① 경쟁입찰을 실시한 결과 다음 각호의 1에 해당하는 경우에는 수의계약에 의할 수 있다.

1. 제10조의 규정에 의하여 경쟁입찰을 실시하였으나 입찰자가 1인뿐인 경우로서 제20조제2항의 규정에 의하여 재공고입찰을 실시하더라도 제12조의 규정에 의한 입찰참가자격을 갖춘 자가 1인밖에 없음이 명백하다고 인정되는 경우
2. 제20조제2항의 규정에 의하여 재공고입찰에 부친 경우로서 입찰자 또는 낙찰자가 없는 경우

② 제1항의 규정에 의한 수의계약의 경우 보증금과 기한을 제외하고는 최초의 입찰에 부칠 때에 정한 가격 및 기타 조건을 변경할 수 없다.

제28조 (낙찰자가 계약을 체결하지 아니할 때의 수의계약)

① 낙찰자가 계약을 체결하지 아니할 때에는 그 낙찰금액보다 불리하지 아니한 금액의 범위

안에서 수의계약에 의할 수 있다. 다만, 기한을 제외하고는 최초의 입찰에 부칠 때 정한 가격 및 기타 조건을 변경할 수 없다.

② 제1항의 규정은 낙찰자가 계약체결 후 소정의 기일내에 계약의 이행에 착수하지 아니하거나, 계약이행에 착수한 후 계약상의 의무를 이행하지 아니하여 계약을 해제 또는 해지한 경우에 이를 준용한다.

제30조 (견적에 의한 가격결정)

① 각 중앙관서의 장 또는 계약담당공무원은 수의계약을 체결하고자 할 때에는 2인 이상으로부터 견적서를 받아야 한다. 다만, 제26조제1항제4호, 제6호 가목 · 나목, 제27조 및 제28조의 규정에 의한 계약의 경우 또는 계약금액이 2천만 원 이하인 경우에는 1인으로부터 받은 견적서에 의할 수 있다.

② 제1항의 규정에 의하여 제출받은 견적서에 기재된 견적가격이 예정가격의 범위 안에 들지 아니하는 경우에는 다시 견적서를 제출받아 계약금액을 결정하여야 한다.

③ 제1항 및 제2항의 규정에 불구하고 재정경제부령이 정하는 경우에는 견적서제출을 생략하게 할 수 있다.

제33조 (입찰공고)

① 입찰방법에 의하여 경쟁에 부치고자 할 때에는 이 영에 특별한 규정이 있는 경우를 제외하고는 지정정보처리장치를 이용하여 공고하여야 한다. 다만, 필요한 경우 일간신문 등에 게재하는 방법을 병행할 수 있다.

제35조 (입찰공고의 시기)

① 입찰공고는 그 입찰서 제출마감일의 전일부터 기산하여 10일 전에 이를 행하여야 한다.

② 공사입찰의 경우에는 제1항의 규정에 불구하고 제14조제4항의 규정에 의한 현장설명일의 전일부터 기산하여 7일 전에 공고하여야 한다. 다만, 제13조의 규정에 의한 공사입찰

의 경우에는 현장설명일 전일부터 기산하여 30일 전에 공고하여야 한다.

④ 긴급을 요하는 경우 및 제20조제2항의 규정에 의한 재공고입찰의 경우에는 제1항 내지 제3항의 규정에 불구하고 입찰서 제출마감일의 전일부터 기산하여 5일 전까지 공고할 수 있다.

제36조 (입찰공고의 내용)

입찰공고에는 다음 각호의 사항을 명시하여야 한다.

1. 입찰에 부치는 사항
2. 입찰 또는 개찰의 장소와 일시
3. 공사입찰의 경우에는 현장설명의 장소 · 일시 · 참가자격 및 참가의무여부에 관한 사항
4. 입찰참가자의 자격에 관한 사항
5. 입찰보증금과 국고귀속에 관한 사항
6. 낙찰자결정방법(제42조제1항 본문의 규정에 의하여 낙찰자를 결정하는 경우에는 낙찰자 결정에 필요한 서류의 제출일 및 낙찰자통보 예정일을 포함한다)
7. 계약의 착수일 및 완료일
8. 계약하고자 하는 조건을 공시하는 장소
9. 제39조제4항의 규정에 의한 입찰무효에 관한 사항
10. 입찰에 관한 서류의 열람 · 교부장소 및 교부비용

제37조 (입찰보증금)

① 법 제9조의 규정에 의한 입찰보증금은 입찰금액(단가입찰인 경우에는 그 단가에 총입찰 예정량을 곱한 금액)의 100분의 5 이상으로 하여야 한다.

② 입찰보증금은 현금(체신관서 또는 은행법의 적용을 받는 금융기관이 발행한 자기앞수표를 포함한다. 이하 같다) 또는 다음 각호의 보증서 등으로 이를 납부하게 하여야 한다.

1. 예산회계법시행령 제135조의 규정에 의한 금융기관(이하 "금융기관"이라 한다) 및 은행법에 의한 외국금융기관이 발행한 지급보증서
2. 증권거래법시행령 제84조의 16에 규정된 유가증권
3. 보험업법에 의한 보험사업자가 발행한 보증보험증권...

제39조 (입찰서의 제출 · 접수 및 입찰의 무효)

① 각 중앙관서의 장 또는 계약담당공무원은 입찰자가 입찰서를 제출하는 경우 입찰공고에 표시한 장소와 일시에 입찰서를 직접 제출하도록 하여야 한다. 다만, 필요하다고 인정되는 경우에는 우편으로 제출하게 할 수 있다.

④ 제12조 및 제21조의 규정에 의한 경쟁참가의 자격이 없는 자가 행한 입찰 기타 재정경제부령이 정하는 사유에 해당하는 입찰은 무효로 한다. 〈개정 1998.2.2, 1999.9.9〉

제40조 (개찰 및 낙찰선언)

① 각 중앙관서의 장 또는 계약담당공무원은 입찰공고에 표시한 장소와 일시에 입찰자가 참석한 자리에서 개찰하여야 한다. 이 경우 입찰자로서 출석하지 아니한 자가 있는 때에는 입찰사무에 관계없는 공무원으로 하여금 개찰에 참여하게 할 수 있다.

② 각 중앙관서의 장 또는 계약담당공무원은 제출된 입찰서를 확인하고 유효한 입찰서의 입찰금액과 예정가격을 대조하여 적격자를 낙찰자로 결정한 때에는 지체없이 낙찰선언을 하여야 한다. 다만, 제42조제1항의 규정에 의하여 계약이행능력을 심사하여 낙찰자를 결정하는 등 낙찰자결정에 장시간이 소요되는 때에는 그 소요절차를 거친 후 낙찰선언을 할 수 있다.

第50조 (계약보증금)

① 각 중앙관서의 장 또는 계약담당공무원은 법 제12조의 규정에 의한 계약보증금을 계약금액의 100분의 10 이상으로 납부하게 하여야 한다.

第51조 (계약보증금의 국고귀속)

① 각 중앙관서의 장 또는 계약담당공무원은 계약상대자가 정당한 이유없이 계약상의 의무를 이행하지 아니한 때에는 제50조의 규정에 의한 계약보증금(제52조제1항제2호 및 제3호의 규정에 의한 보증금액을 포함한다. 이하 같다)을 법 제12조제3항의 규정에 의하여 국고에 귀속시켜야 한다. 이 경우 제75조제1항의 규정을 준용한다.

第52조 (공사계약에 있어서의 이행보증)

① 각 중앙관서의 장 또는 계약담당공무원은 공사계약을 체결하고자 하는 경우 계약상대자로 하여금 다음 각호의 방법중 하나를 선택하여 계약이행의 보증을 하게 하여야 한다. 다만, 각 중앙관서의 장 또는 계약담당공무원은 공사계약의 특성상 필요하다고 인정되는 경우에는 계약이행보증의 방법을 제3호의 규정에 의한 방법으로 한정할 수 있으며, 제42조제1항 단서의 규정에 의한 공사계약인 경우에는 반드시 제3호의 규정에 의한 방법으로 계약이행을 보증하게 하여야 한다.

第58조 (대가의 지급)

① 법 제15조제2항의 규정에 의하여 국고의 부담이 되는 계약의 대가는 제55조의 규정에 의한 검사를 완료한 후 계약상대자의 청구를 받은 날부터 14일 이내에 이를 지급하여야 한다. 이 경우 계약당사자와 합의하여 14일을 초과하지 아니하는 범위내에서 대가의 지급기한을 연장할 수 있는 특약을 정할 수 있다.

② 천재 · 지변 등 불가항력의 사유로 지급기한내에 대가를 지급할 수 없게 된 경우에는 당해 사유가 소멸된 날부터 3일 이내에 대가를 지급하여야 한다.

제62조 (하자보수보증금)

① 법 제18조의 규정에 의한 하자보수보증금은 재정경제부령이 정하는 바에 의하여 계약금액의 100분의 2 이상 100분의 10 이하로 하여야 한다. 다만, 공사의 성질상 하자보수가 필요하지 아니한 경우로서 재정경제부령이 정하는 경우에는 하자보수보증금을 납부하지 아니하게 할 수 있다.

제74조 (지체상금)

① 각 중앙관서의 장 또는 계약담당공무원은 계약상대자(국가기관과 지방자치단체를 제외한다)가 계약상의 의무를 지체한 때에는 지체상금으로서 계약금액에 재정경제부령이 정하는 율과 지체일수를 곱한 금액을 계약상대자로 하여금 현금으로 납부하게 하여야 한다. 이 경우 계약상대자의 책임없는 사유로 계약이행이 지체되었다고 인정될 때에는 그 해당일수를 지체일수에 산입하지 아니한다.

② 제1항의 경우 기성부분 또는 기납부분에 대하여 검사를 거쳐 이를 인수한 경우(인수하지 아니하고 관리 · 사용하고 있는 경우를 포함한다. 이하 이 조에서 같다)에는 그 부분에 상당하는 금액을 계약금액에서 공제한 금액을 기준으로 지체상금을 계산하여야 한다. 이 경우 기성부분 또는 기납부분의 인수는 성질상 분할할 수 있는 공사 · 물품 또는 용역 등에 대한 완성부분으로서 인수하는 것에 한한다.

제75조 (계약의 해제 · 해지)

① 각 중앙관서의 장 또는 계약담당공무원은 법 제12조제3항의 규정에 의하여 계약보증금을 국고에 귀속시키는 경우에는 계약에 특별히 정한 것이 없는 한 당해 계약을 해제 또는 해지하고 계약상대자에게 그 사유를 통지하여야 한다.

② 제74조제1항의 규정에 의한 지체상금의 징수사유가 발생하고 그 금액이 제50조제1항의 규정에 의한 계약보증금상당액(면제된 계약보증금을 포함한다)에 달하는 경우로서 계약상대자의 귀책사유로 인하여 계약을 수행할 가능성이 없음이 명백하다고 인정될 때에는

각 중앙관서의 장 또는 계약담당공무원은 법 제12조제3항의 규정에 의하여 계약보증금을 국고에 귀속시키고 당해 계약을 해제 또는 해지할 수 있다.

제76조 (부정당업자의 입찰참가자격 제한)

① 각 중앙관서의 장은 다음 각호의 1에 해당하는 계약상대자 또는 입찰자(계약상대자 또는 입찰자의 대리인 · 지배인 기타 사용인을 포함한다)에 대하여는 법 제27조의 규정에 의하여 당해 사실이 있은 후 지체없이 1월 이상 2년 이하의 범위내에서 입찰참가자격을 제한하여야 한다.

1. 계약을 이행함에 있어서 부실 · 조잡 또는 부당하게 하거나 부정한 행위를 한 자

【구매 계약서】

주식회사 롯데호텔 대표이사 이남수를 갑이라 하고 주식회사 한국기업 대표이사 김영철을 을이라 하여 다음과 같이 공사계약을 체결한다.

1. 공 사 명 : 롯데호텔 빌딩 외벽 페인트 공사

2. 공사금액 : 일금 오천오백만 원정(부가세 별도)

3. 공사기간 : 착공일 : 2006년 3월 5일, 준공일 : 2007년 4월 4일

4. 대금 지급조건

1) 중도금 : 착공 후 15일 이내 공정율에 따라 현금지급

2) 잔　금 : 준공검사 완료 후 10일 이내 현금지급

5. 계약문서

1) 계약문서는 계약서, 시방서 및 설계도서(도면, 시방서, 공사내역서, 현장설명서 등을 포함하며 이하 같다)로 구성되며 상호 보완적인 효력을 가진다.

2) 을은 설계도서에 명시되지 아니한 것이라도 공사의 경미한 변경이나 구조상 필요한 공사에 대해서는 을의 부담으로 시공한다.

6. 계약이행보증금

1) 을은 계약과 동시에 계약금액의 100분의 10에 해당하는 현금 또는 보증보험증권을 계약이행보증금으로 갑에게 납부한다.

2) 을이 계약상 의무를 이행하지 아니할 때는 전항의 계약이행보증금은 갑에게 귀속된다.

3) 갑은 제19조에 의한 계약의 해제 또는 해지로 인해 발생한 손해금액이 계약이행보증금액을 초과할 경우에 을에게 그 초과분에 대한 손해의 배상을 청구할 수 있다.

7. 공사의 착수

을은 계약체결일로부터 5일 내에 계약조건과 설계도서에 의해 착공하여야 하며 착공계, 공사 예정공정표 및 현장대리인 신고서를 작성하여 계약체결 후 지체없이 갑의 승인을 받는다.

8. 공사장내의 안전

을은 본 공사 관련 안전사고예방을 위해 을의 종업원, 고용인 및 기타 제3자의 생명, 신체 및 재산 등에 대한 제반안전조치를 할 뿐 아니라 사고발생에 대한 민, 형사상의 모든 책임을 전적으로 부담한다.

9. 현장대리인

1) 을은 당해 공사의 시공 또는 관리에 관한 상당한 기술과 경험이 있는 자를 공사 현장대리인으로 선정한다.

2) 전항의 대리인은 공사현장에 상주하며 을을 대리하여 일체의 사항을 처리한다.

10. 재료의 검사

1) 공사에 사용할 재료는 신품이어야 하며 품명, 품질, 규격 등은 반드시 계약내용과 일치되어야 한다.

2) 공사에 사용할 재료는 반입전에 자재검수대장에 의거 갑의 공사감독원의 사전검사를 받아야 하며, 이로 인한 준공기한의 연장은 인정되지 아니한다.

11. 공사감독원

1) 갑의 대리인으로 지정된 공사감독원은 갑을 대리하여 공사의 수행을 지휘, 감독하며, 공사재료 또는 공작물의 검사 및 시험을 수시로 행한다.

2) 전항의 감독원의 활동에 대하여 을 및 그의 고용인은 충실히 그의 지시에 따른다.

12. 공사의 변경. 중지

1) 갑은 공사 중 설계도서에 적합지 않은 부분이 있을 때에는 이의 시정을 요구할 수 있으며,

이 경우 을은 지체없이 이에 응하여야 하며, 공사기간 또는 계약금액은 변경할 수 없다.

2) 갑은 필요시 공사의 일부 또는 전부의 집행을 중지시키거나 설계변경을 할 수 있으며, 이로 인해 계약기간의 변경 또는 계약금액의 증감이 필요할 때에는 을과 협의하여 결정한다.

13. 공사 현장상태의 이상

계약조건에 명시된 공사현장의 상태와 판이한 잠재적 자연조건 및 인공적 장해가 발견될 때에는 을은 즉시 갑에게 서면으로 통보함과 동시에 을의 비용으로 갑의 지시에 따라 처리한다.

14. 긴급보수

공사기간 중이나 하자보수보증기간 중에 공사의 보수 또는 수리 등을 긴급히 할 필요가 발생할 때는 을은 즉각 조치를 취함과 동시에 갑에게 통지하여야 하며, 만일 을이 그러한 공사의 하자를 즉시 보수하지 아니할 때에는 갑은 을의 비용부담으로 직접 조치하거나 제 3자로 하여금 시공시킬 수 있다.

15. 지체상금

을이 준공기한 내에 공사를 완성하지 못할 때에는 그 지체일수 1일에 대하여 계약금액의 1000분의 5에 해당하는 지체상금을 현금으로 갑에게 납부하여야 하며, 갑은 지체상금을 을에게 지급해야 할 공사비 또는 기타 예치금에서 공제할 수 있다. 단, 천재지변, 사변, 기타 불가항력의 경우 또는 특별한 사정으로 인하여 공사가 지연되었다고 갑이 인정할 때에는 예외로 한다.

16. 하자담보

1) 을은 준공검사를 한 날로부터 24개월간 본 공사의 하자에 대한 모든 책임을 부담하며 상기 기간 중 발생한 하자로 인한 멸실 또는 훼손에 대하여 을은 지정기간 내에 즉시 보수 또는 손해배상의무를 이행한다.

2) 전항의 책임을 보증하기 위하여 계약금액의 100분의 10에 해당하는 금액을 현금 또는 보증보험증권으로 갑에게 납부하며 본 보증금은 을이 하자보수보증기간 중 하자보수의

의무를 이행하지 아니할 때에는 갑에게 귀속된다.

17. 공사의 준공

1) 공사가 완성되었을 때에는 을은 모든 잉여자재, 가설물 및 폐물 등을 즉시 철거, 반출하여 공사장 전체를 갑이 만족할 수 있는 상태로 정돈한다.

2) 을은 완공과 동시에 갑이 만족할 수 있는 상태로 정돈한다.

3) 전항의 검사에 합격치 못하였을 때에는 을은 지체없이 이를 보수 또는 개수하여 재검사를 받는다.

18. 권리, 의무의 양도

을은 갑의 서면에 의한 승낙을 받지 아니하고는 본계약으로 부터 발생하는 권리 또는 의무를 제 3자에게 양도하거나 승계하게 할 수 없으며, 또한 담보목적으로 제공할 수 없다.

19. 계약해제, 해지

갑은 다음 각호의 1에 해당할 때에는 당해계약의 일부 또는 전부를 해제 또는 해지 할 수 있으며 이 경우 을은 해약통지를 받은 부분에 대한 공사를 지체없이 중지하고 모든 공사기구들을 공사장으로부터 철거한다.

1) 을이 적당한 이유없이 착공기일을 경과하고도 공사를 착수하지 아니할 때

2) 을의 계약조건위반으로 계약의 목적을 달성할 수 없다고 갑이 판단한 때

3) 을의 귀책사유로 공기 내에 공사를 완성할 수 없음이 명백히 인정될 때

20. 기 타

1) 을은 본 공사의 성공적인 수행을 위해 아래 사항에 대해 전적으로 을의 비용으로 갑을 대리하여 처리한다.

① 을의 고용인 및 제3자에 대한 사전안전조치 및 사고발생시 이에 대한 즉각적인 시정조치.

② 공사완료 후 공사현장의 완벽한 원상복구조치.

③ 기타 본 공사와 관련하여 갑이 필요하다고 인정하는 모든 조치.

2) 본 계약에서 정하지 아니한 사항에 대하여 갑이 필요하다고 인정하는 경우에는 을과 합의하여 특약으로 정할 수 있다.

3) 본 계약은 계약당일로부터 효력을 발생하고 계약에 명시되지 않는 사항은 갑의 지시에 따르며 본 계약을 증명하기 위하여 계약서 2통을 작성하여 갑, 을이 각각 1통씩 보관한다.

계약일 : 2006년 2월 20일

갑 : 서울특별시 중구 소공동 1번지

주식회사 롯데호텔 대표이사 이 남 수 (인)

을 : 서울특별시 관악구 봉천동 125번지

주식회사 한국기업 대표이사 김 영 철 (인)

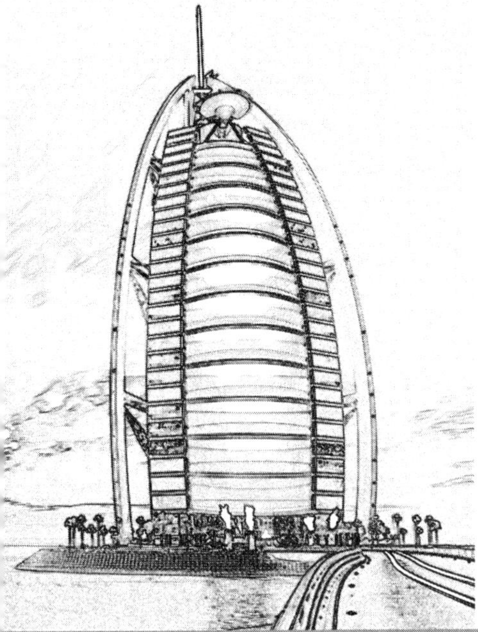

6장 구매현황

1절 구매조직
2절 구매자재
3절 구매통계

6장
구매현황

1절 구매조직

1 구매조직의 유형

구매조직의 유형은 조직의 규모와 기능에 따라 구분해 볼 수 있으며 먼저 규모에 따라 구분하여 특징을 살펴보면, 일반적으로 대규모의 호텔에서는 총지배인이나 관리임원의 산하에 구매부, 구매팀, 구매과 등의 명칭으로 하나의 독립된 부서로 운영되는 경우가 많은 반면, 규모가 비교적 작은 호텔의 경우에는 조직업무를 관장하는 부서인 관리팀 아래에 구매과, 용도과 등의 명칭으로 운영하기도 한다.

한편 넓은 의미에서 구매업무의 기능은 구매, 검수, 창고, 대금지불, 원가관리 등의 업무로 나누어 볼 수 있는데 대체로 Local형, Chain형 그리고 혼합형의 3가지 유형으로 나눌 수 있다.

Local형은 일반적으로 대규모 독립호텔에서 주로 볼 수 있는 형태로서 구매부장이 구매관리, 창고관리 및 검수관리의 업무를 담당하고 재정부장이 대금지불 및 원가관리의 업무를 담당한다. 이러한 형태의 조직에서는 업무진행이 신속한 반면, 투명성이 낮을 수 있다.

Chain형은 체인호텔에서 주로 볼 수 있는 형태로서 구매부장이 구매관리 업무만 담당하고 창고관리, 검수관리, 대금지불, 원가관리 업무는 재정부장이 담당한다. 이러한 형태의 조직에서는 업무진행이 비교적 느린 반면, 투명성은 높은 편이다.

혼합형은 Local형과 Chain형을 절충한 형태로서 이러한 형태의 조직에서는 관리부서에서 구매관리와 창고관리 업무를 담당하고, 재정부서에서는 검수관리, 대금지불, 원가관리 업무를 담당한다.

오늘날 어려운 경제여건하에서 호텔들간의 격심한 경쟁으로 수익성 달성이 점점 어려워지고 인건비가 증가하는 상황에서 많은 호텔들이 이러한 형태를 선호하고 있으며, 업무진행속도와 투명성은 앞에서 언급한 두 가지의 형태의 중간

Local형 조직

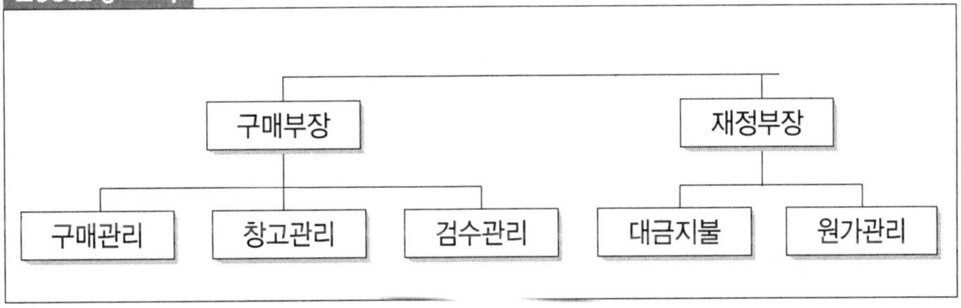

Chain형 조직

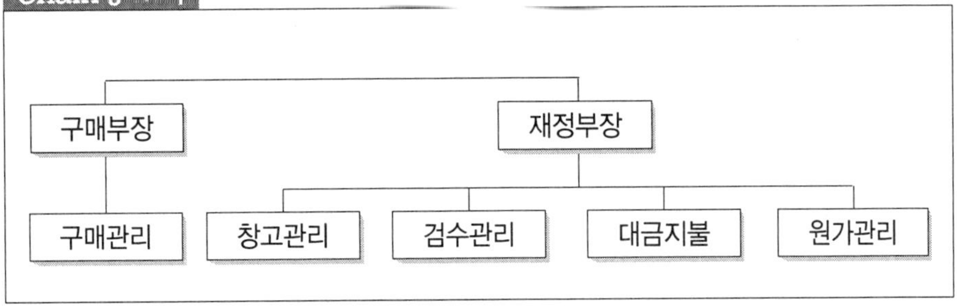

혼합형 조직

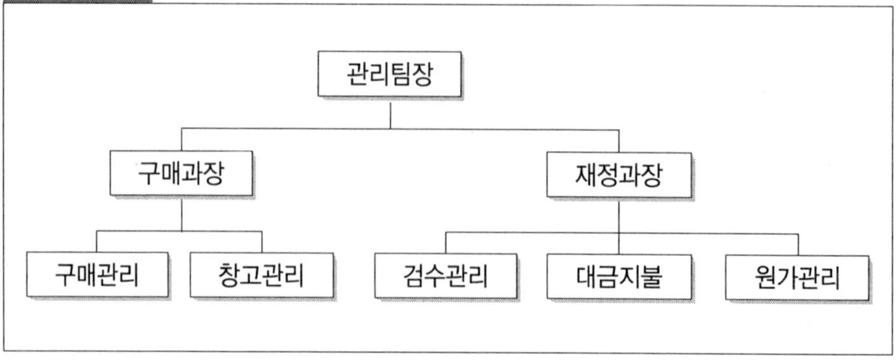

정도로 볼 수 있다. 향후의 구매기능은 점차 구매와 창고기능이 일원화되는 혼합형을 띠되, 점차 검수기능까지 포함하여 관리팀장 소속으로 하여 소수의 정예요원에 의해 구매업무가 수행될 것으로 예상된다.

기업의 규모 및 최고경영자의 경영철학에 따라 구매부서의 조직이 다를 뿐만 아니라 구매부서의 직무내용도 다를 수 있으나 대체로 다음과 같이 업무를 나누어 볼 수 있다.

2 직무내용

❶ 구매팀장

- 구매업무 전반 총괄
- 구매계획 수립
- 부서내 조직관리
- 공급업체와의 유대관계 관리
- 부서원의 교육훈련

❷ 구매관리 담당자

- 구매의뢰서 검토 및 발주량 결정
- 견적서 수령 및 가격결정
- 구매발주서 작성 결재
- 납기 및 업체관리
- 관련서류 보존
- 구매통계 작성
- 구매업체 평가 및 신규업체 발굴
- 시장조사

❸ 구매사무 담당자

- 구매서류 발송 및 접수
- 구매업무 보조
- 구매발주서 작성
- 예산 및 비용의 출납
- 구매서류 기록 및 보관

❹ 검수관리 담당자

- 물품검수 및 판정
- 지체상금 부과

❺ 창고관리 담당자

- 물품의 저장 및 입출고
- 재고관리

- 창고의 유지관리
- 물품수급계획 수립
- 불용 및 유휴자재 처리

❻ 대금지급 담당자

- 납품대금 지급

❼ 원가관리 담당자

- 원가분석 및 손익산출
- 재고조사
- 식자재 원가분석
- 원가절감방안 수립 및 시행

❽ 물품 사용부서

- 구매신청서 작성
- 불용 및 유휴자재 소진

3 구매담당자의 자격요건

구매업무의 중요성으로 비추어 볼 때 구매담당자는 다음과 같은 최소한의 조건들을 갖추어야 한다.

① 부정부패를 모르는 청렴성을 지녀야 한다.

② 물품 및 구매업무에 대한 전문지식을 갖추고 있어야 한다.

③ 근면, 성실하고 적극적인 성격과 신속하고 치밀한 사무능력을 갖추어야 한다.

④ 회사를 대표하는 얼굴이므로 친절해야 한다.

⑤ 서로가 Win-Win할 수 있는 Partnership을 가져야 한다.

4 윤리경영

(1) 윤리경영의 개념 및 필요성

윤리경영이란 회사경영 및 기업활동에 있어 "윤리"를 최우선 가치로 생각하며, 투명하고 공정하며 합리적인 업무 수행을 추구하는 경영정신이다. 최근 미국을 중심으로 비윤리적 기업의 제품(서비스)은 국제거래에서 규제하자는 윤리라운드(ER)가 시작되고 있고, 존경받는 10대 기업은 구직자가 몰려 이들 기업에 대한 선호도가 매우 높은 것으로 조사되었으며, 기업의 비윤리적 행위로 대외적으로 회사의 신용도가 떨어지며, 그 결과 매출 및 이익이 감소하고, 대내적으로는 종업원의 사기를 떨어뜨리고, 생산성이 낮아진다. 즉 21세기는 윤리수준이 높은 기업이 많은 이익을 거둘 수 있는 투명하고 공정한 경영이 요구되는 시대로서, 윤리수준과 이익수준이 함께 높은 기업이 21세기 초일류 기업으로 성장할 수 있다.

국내의 호텔 중 윤리경영을 선도적으로 실천하고 있는 대표적인 기업은 신세계그룹 산하의 웨스턴 조선호텔이다.

(2) 웨스틴조선호텔의 윤리경영

1) 6대 윤리규범

① 고객존중경영

② 준법정신

③ 협력회사와 공존공영

④ 청결경영

⑤ 인재중시 경영

⑥ 사회봉사 경영

2) 협력회사와 공존공영

협력회사와의 모든 거래는 평등한 참여기회가 보장된 가운데 자율경쟁의 원칙에 따라 이루어지며, 공정하고 투명한 거래를 통해 상호 신뢰를 구축함으로써 장기적 관점에서 공존 및 공동발전을 도모한다.

(1) 평등한 기회

① 신세계는 자격을 구비한 모든 협력회사에게 거래 협력회사 등록 및 선정에 참여할 수 있는 기회를 부여한다.

② 협력회사 등록 및 선정은 객관적이고 공정한 심사기준에 따라 합리적인 방법으로 수행한다.

- 컨벤션(품평회) 등을 통한 비교우위를 거래결정(매입)의 기본원칙으로 한다.
- 신규 협력회사 입점에 대한 기본지침을 철저히 준수한다.

(2) 공정한 거래

① 모든 거래는 상호 대등한 위치에서 공정하게 이루어져야 하며 조건 및 절차에 대해 사전에 충분한 협의를 거친다.

• 제반 거래조건 변경시 해당 협력회사와 사전 합의하고 서명절차를 밟는다.(거래약정서 작성)

• 협력회사에 대한 정기 평가시 기준점을 명확히 수립하고 이의 철저한 이행을 통해 공정성 확보에 주력한다.

② 우월적 지위를 이용해 어떠한 형태의 부당행위도 하지 않는다.

• 고정 협력회사와의 거래 단절 시 해당 협력회사에게 반드시 서면으로 통보하여 객관성 및 타당성을 확보한다.

※ 사례 : 명확한 퇴점사유 및 일자 통보

• 부당한 방법을 동원하여 일방적인 판단으로 거래를 단절하는 일이 없도록 하여 공정성을 확보한다.

※ 사례 : 일방적 거래단절(중단), 일방적 거래철수 압력 등

• 협력회사와 사전 협의없이 우월적 지위를 남용하거나 강요하는 어떠한 부당행위도 없도록 하여 형평성을 확보한다.

※ 사례 : 사은품(경품) 행사를 강요하는 행위, 상품권을 강매하는 행위 등

• 거래 과정에서 협력회사와 사전 협의없이 비용을 선가하는 행위를 금지하여 신뢰성을 확보한다.

※ 사례 : 광고, 인테리어, 경품비용 등

③ 회사 차원의 공식적인 행사를 제외한 모든 모임의 비용을(골프, 테니스 등) 임직원 각자의 부담으로 나누어 계산한다.

④ 임직원은 명절이나 기념일, 출장 등 어떠한 명목으로도 금액의 많고 적음을 막론하고 선물이나 금품을 주거나 받지 않는다.

⑤ 임직원은 차 한잔, 점심 한끼를 협력회사와 같이 하더라도 반드시 자기 몫은 자기가 계산하도록 한다(해외출장 포함)

⑥ 협력회사(임직원)가 신세계 임직원에게 선물, 향응, 금전적 이익을 제공할 경우에는 거래상의 불이익을 받을 수 있다.

(3) 상호발전의 추구

① 장기적으로 협력회사가 경쟁력을 갖추어 성장할 수 있도록 적극 지원하고, 혁신을 통하여 창출된 수익을 상호 공유한다.

② 깨끗하고 투명한 거래풍토를 조성하고 공정한 거래질서를 유지하기 위하여 협력회사와 함께 노력한다.

(4) 적극적인 업무 응대

① 직접 면담 또는 전화 통화 시 친절한 언행과 태도로 임한다. 만일, 협력회사와의 업무 진행 중 불만족 사례가 생길 경우에는 서비스 정신을 갖고 정해진 업무절차에 따라 적극적으로 처리한다.

② 협력회사와의 약속은 반드시 준수하고, 내방고객을 장시간 기다리게 해서는 안 된다(부득이하게 약속을 지키지 못할 시 사전에 정중히 양해를 구한다).

2절 구매자재

1 구매자재의 분류

호텔의 구매자재는 일반적으로 사람이 먹거나 마실 수 있느냐의 여부에 따라 식음자재와 일반자재로 분류할 수 있으며, 또한 사용부서로 바로 입고되느냐 또는 구매한 후 사용부서로 보내기 전에 창고에서 보관하느냐의 여부에 따라 직도자재와 저장자재로 나눌 수 있다.

식음자재 중 먹을 수 있는 것은 통상 식자재, 식료 또는 Food로 불리며, 반면 마실 수 있는 것은 음료 또는 Beverage로 불린다. 그리고 식자재 중 구매 후 바로 사용하는 것은 1일 식자재 또는 Daily 식자재라고 하고, 구매 후 사용부서로 보내지 않고 창고에서 일시적으로 보관하는 것을 저장식자재 또는 stock 식자재라고 한다.

구매자재의 분류

구분	직도자재	저장자재
식음자재	Daily 식자재 (육류, 생선, 채소, 과일)	통조림식품 건조식품 유제품 인스턴트식품 주류 및 음료
일반자재	FF & E 잡자재 상품류 화훼류 공사건 유지보수계약 등	Ware류 영선자재 유니폼 Linen류 문구류 인쇄물 소모품 등

한편, 일반자재는 호텔영업의 중요성 여부에 따라 예산통제자산과 기타자산으로 분류하기도 한다.

2 식자재의 개념

식자재란 인간이 생명을 유지하기 위해 섭취하는 식품 즉 음식의 재료가 되는 물품으로서 자재를 구매하는 입장에서 본 개념이다.

인간이 식품을 섭취하는 목적은 식품 중에 함유되어 있는 여러 가지 영양소를 공급받아 에너지를 얻기 위해서이다.

과거에는 식품을 단지 공복감만을 충족시키기 위하여 섭취하였다. 그러나 오랜 기간을 거치면서 음식의 다량 섭취만이 건강을 유지시켜 주는 것이 아니라 식품별로 함유되어 있는 각종 영양소를 골고루 균형있게 섭취하여야 특정 영양소 부족으로 야기되는 각종 질병을 예방할 수 있다는 것을 깨닫기 시작했다.

그러나 인간이 섭취할 수 있는 식품의 양은 신체적으로 한계가 있기 때문에 같은 양의 음식을 먹더라도 보다 많은 영양소를 섭취할 수 있는 식품을 선택하는 것이 바람직하며, 선택된 식재료는 영양소의 손실이 가장 적은 방법으로 저장 및 조리하는 것이 중요하다.

3 식자재 구매의 중요성

식자재의 구매를 얼마나 잘 하느냐의 여부는 음식의 질과 원가에 중대한 영향을 미친다. 식자재를 구매함에 있어서 특히 관심을 두어야 할 부분이 산지와 생산시기이며, 이들은 식자재의 품질과 가격을 결정하는 데 중요한 요인이므로 시장의 변화에 적극 대처하여 적절한 가격으로 최고 품질의 식자재를 구매하기 위해서는 많은 노력을 필요로 한다.

먼저 구매에 있어서 식자재의 품질을 결정하고 가격을 책정하는 요소 중 중요한 것이 산지이다. 식자재의 원천인 동식물이 처음 발생한 원산지는 그들에게는 가장 좋은 환경조건이며, 일반적으로 동식물은 기후나 토양 등의 자연적 환경조건이 그들에게 알맞게 갖추어질 때 영양성분을 최대로 함유할 수 있다.

따라서 대부분의 산지는 기후나 토양이 원산지와 비슷한 환경을 조성하고 있어 이 지역에서 구입되는 식자재는 영양면에서 아주 우수하다. 그러므로 가급적 원산지와 산지의 것을 구매하는 것이 좋다.

그러나 오늘날은 시공간적인 문제로 인해 원산지나 산지에서만 식자재를 구매할 수는 없으므로 가능한 산지나 원산지와 비슷한 환경조건을 갖춘 지역의 것을 선택하고 구매한 품목은 저장 전까지 원상태를 유지할 수 있도록 세밀한 관심을 가져야 한다.

또한 식자재는 각각의 생산되는 시기에 한정되어 출하되나 소비자의 수요는 연중 계속되므로 출하시기가 지나면 가격이 상승할 수 밖에 없다. 따라서 가능한 출하시기에 구매하여 영양손실이 가장 적은 방법으로 저장하는 것이 좋다.

이처럼 적절한 구매는 식자재의 품질을 향상시킬 뿐 아니라 원가에도 중요한 영향을 미치므로 메뉴를 개발, 준비할 때에는 가능한 제철의 식자재를 사용하거나 재고가 쌓이지 않도록 하는 지혜가 필요하다.

3절 구매통계

1 우리나라 농업 현황

(1) 연도별 농림축수산물 수출입 실적

(단위 : 백만 $, %)

품목별		2010	2011	2012	2013	2014	증감률 (14/13)
수출	국가 전체	466,384	555,214	548,076	559,632	572,665	2.3
	농림축수산물	5,880.0	7,691.3	8,006.1	7,875.9	8,249.7	4.8
	농축산물	3,867.7	5,117.1	5,180.1	5,176.7	5,693.5	10.0
	–농산물	3,721.6	4,940.8	4,785.0	4,741.0	5,223.7	10.2
	–축산물	146.1	176.3	395.1	435.7	469.8	7.8
	임산물	214.1	266.4	464.8	547.9	489.3	△10.7
	수산물	1,798.2	2,307.8	2,361.3	2,151.3	2,067.0	△3.9
수입	국가 전체	425,212	524,413	519,584	515,586	525,515	1.9
	농림축수산물	25,787.2	33,184.0	33,422.4	34,192.7	36,139.9	5.7
	농축산물	17,210.8	23,433.4	23,437.6	23,793.5	24,929.8	4.8
	–농산물	13,987.8	18,362.0	13,717.1	19,105.8	19,307.9	1.1
	–축산물	3,123.0	5,071.4	4,720.5	4,687.7	5,621.9	19.9
	임산물	5,219.1	5,560.7	6,009.5	6,505.9	6,705.4	3.1
	수산물	3,457.3	4,189.9	3,975.3	3,893.3	4,504.7	15.7
수지	국가 전체	41,172	30,801	28,492	44,046	47,150	7.0
	농림축수산물	−19,907	−25,493	−25,416	−26,317	−27,890	−6.0

(2) 국가별 GDP 대비 농림어업 방문

(단위 : 백만 달러)

국가명	2013년			2014년		
	총 GDP	농림어업 GDP	총 GDP 대비 비율	총 GDP	농림어업 GDP	총 GDP 대비 비율
World	76,123,951	3,262,296	3.1%	77,868,768	3,355,170	4.3%
중국	9,490,603	892,891	9.4%	10,360,105	949,500	9.2%
인도	1,861,802	308,710	18.0%	2,066,902	323,792	15.7%
미국	16,768,053	226,494	1.4%	17,419,000	-	-
인도네시아	910,479	121,883	13.7%	888,538	118,890	13.4%
브라질	2,392,095	114,542	5.6%	2,346,118	111,477	4.8%
나이지리아	514,965	106,900	21.0%	568,508	113,646	20.0%
러시아	2,079,025	71,307	3.9%	1,860,598	-	-
터키	823,243	60,751	8.3%	799,535	57,125	7.1%
일본	4,919,563	58,950	1.2%	4,601,461	-	-
파키스탄	232,287	56,046	25.1%	246,876	58,809	23.8%
태국	387,253	46,403	12.0%	373,804	43,495	11.6%
이탈리아	2,136,948	44,836	2.3%	2,144,338	41,859	2.0%
멕시코	1,262,249	42,742	3.5%	1,282,720	42,610	3.3%
프랑스	2,810,249	40,346	1.6%	2,829,192	42,455	1.5%
아르헨티나	622,058	39,147	7.4%	540,197	37,318	6.9%
이집트	271,973	37,749	14.5%	286,538	39,695	13.9%
호주	1,560,372	35,772	2.4%	1,453,770	34,203	2.4%
스페인	1,393,040	35,289	2.8%	1,404,307	31,908	2.3%
베트남	171,222	31,471	18.4%	186,205	33,733	18.1%
필리핀	272,067	30,552	11.2%	284,582	32,204	11.3%
한국	1,305,605	27,800	2.3%	1,410,383	30,115	2.3%

(3) 국가별 농수축산물 무역수지 상위 20개국

(단위 : 백만 달러)

국가명	2012년		2013년		2014년	
	상품 무역수지	농축산물 무역수지	상품 무역수지	농축산물 무역수지	상품 무역수지	농축산물 무역수지
브라질	19,431	70,338	2,557	73,868	−3,962	70,065
네덜란드	53,544	31,216	65,085	34,858	63,315	36,641
아르헨티나	12,420	39,414	2,978	38,179	3,012	34,105
미국	−789,746	28,577	−749,003	27,771	−791,113	27,814
태국	−18,301	19,364	−22,181	18,667	−359	20,000
뉴질랜드	−938	15,475	−176	17,421	−862	19,142
호주	5,778	18,074	19,674	18,221	12,900	18,005
프랑스	−106,693	18,887	−103,266	18,837	−93,216	16,161
스페인	−39,899	10,473	−21,303	13,548	−32,328	14,959
인도	−199,412	16,783	−129,434	20,676	−141,825	14,428
인도네시아	−1,659	13,697	−4,077	11,814	−2,143	13,813
캐나다	−8,267	10,645	−5,159	10,438	10,527	11,568
우크라이나	−15,962	11,000	−13,666	9,732	−468	11,216
폴란드	−11,827	5,822	−1,766	8,724	−2,210	9,380
말레이시아	31,253	10,953	22,503	8,584	25,312	8,661
덴마크	14,567	6,787	13,443	7,016	11,181	6,785
칠레	−2,101	5,509	−2,489	6,245	4,295	6,378
파라과이	−4,272	3,257	−2,686	5,268	−2,533	5,380
베트남	749	6,528	0	4,309	2,378	5,292
터키	−84,008	4,325	−99,859	5,486	−84,509	5,196

(4) 국가별 농수축산물 무역수지 하위 20개국

(단위 : 백만 달러)

국가명	2009년		2010년		2011년	
	상품 무역수지	농축산물 무역수지	상품 무역수지	농축산물 무역수지	상품 무역수지	농축산물 무역수지
일본	28,734	−45,830	75,715	−50,695	−32,197	−64,212
중국	196,092	−11,147	181,762	−17,710	154,994	−23,623
영국	−192,426	−31,893	−205,603	−32,069	−200,318	−35,219
러시아	130,969	−18,972	168,156	−26,067	210,901	−27,801
한국	40,449	−10,721	41,173	−12,796	30,804	−17,464
알제리	5,936	−6,303	16,051	−6,355	26,217	−10,419
독일	189,477	−13,975	204,280	−13,669	221,905	−15,033
이집트	−20,730	−3,050	−26,672	−5,051	−30,700	−9,558
아랍에미리트	10,474	−6,167	17,636	−6,353	41,611	−8,162
노르웨이	45,707	−4,928	53,327	−5,251	69,626	−6,480
스웨덴	11,167	−5,433	9,622	−5,552	9,953	−6,748
나이지리아	16,031	−1,221	42,333	−859	61,670	−16,262
예맨	−2,926	−2,354	−2,818	−2,587	−3,086	−2,867
쿠웨이트	51,937	183	−	−	−	−
핀란드	2,030	−3,079	1,349	−3,207	−5,067	−3,505
이탈리아	−8,305	−6,538	−40,145	−6,118	−35,576	−7,519
카타르	48,007	44	51,725	−1,884	114,448	53
스위스	17,130	−3,191	19,329	−3,062	26,599	−3,473
이스라엘	572	−1,492	−781	−1,940	−5,730	−2,701
포르투갈	−27,561	−3,986	−28,268	−4,044	−23,335	−4,521

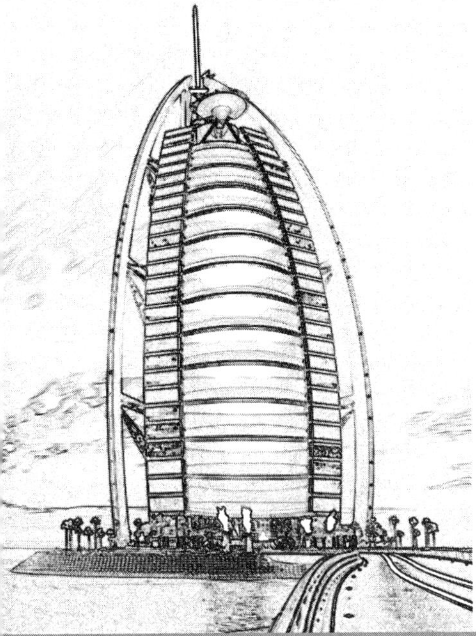

7장 구매관리

1절 일반자재의 구매절차

2절 Daily 식자재의 구매절차

3절 기타 구매관리업무

7 장

구매관리

호텔 및 외식산업에서 물품 구매와 관련한 업무는 구매관리, 검수관리, 창고관리 및 원가관리로 나눌 수 있으며, 이들은 그림에서 보는 바와 같이 여러 부서가 서로 유기적으로 관련되어 있다.

호텔의 구매과정 흐름

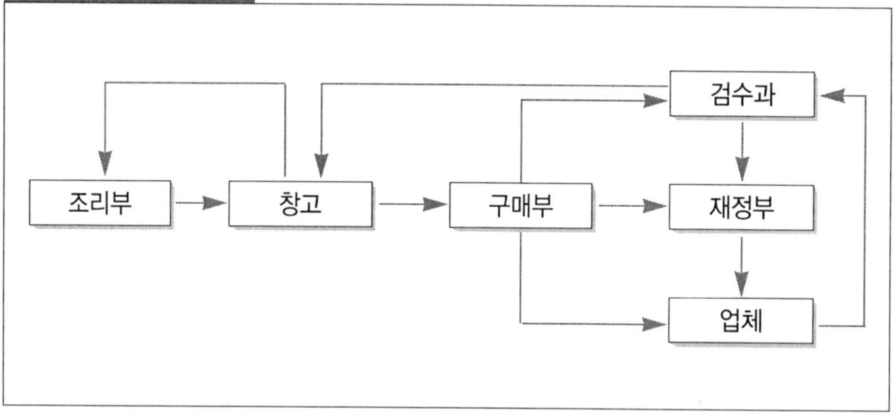

1절 일반자재의 구매절차

순서	업무내용	담담부서
1	구매신청서 작성	사용부서
2	예산통제	구매팀
3	구매신청서 접수	
4	견적서 접수	
5	업체선정	
6	발주	
7	납기관리	
8	검수	검수팀
9	납품	납품업체
10	대금 지급	재정팀

1 구매신청서 작성

물품을 사용할 부서에서 물품 구매에 대한 필요성을 인식하게 되면 가장 먼저 구매부서나 취급업체에 문의하여 정확한 품명이나 사용목적, 예상가격 등을 조사한 후 경제적 수량을 산출한다.

그 후 구매신청서(Purchase Request)에 작성일자, 신청부서, 신청자, 품명, 신청수량, 도착희망일자, 규격, 용도, 예상금액, 취급업체, 기존 구입현황 등을 기재한 후 참고 자료나 도면 등을 첨부한다.

이렇게 하여 구매신청서가 모두 완성되면 신청부서 부서장의 결재를 받은 후 총지배인의 결재를 받아 사내우편함을 이용하거나 직접 구매팀으로 제출한다. 이 경우 중요한 품목에 대해서는 총지배인의 결재를 받기 전에 재정팀에 보내어 예산통제를 받아야 한다.

2 예산통제

구매신청서에 기재된 물품이 회사규정에 의해 구매예산에 대한 통제를 받아야 하는 다음의 항목에 속하는 물품들은 구매팀으로 접수하기 전에 예산통제부서에서 예산에 대한 통제를 받는다.

예산통제 항목

항 목	내 용
Operating Equipment(집기류)	호텔의 영업을 위해 직접 필요한 자산(Ware, Linen, Uniform)
F F & E(고정자산)	장기간에 걸쳐 효익이 발생하는 자산 (Fixture, Furniture, Equipment)
Special Project(특별프로젝트)	특별히 많은 경비가 소요되는 건

Gyeongju Hilton

구 매 의 뢰 서
PURCHASE REQUEST

DATE:

No. 2001870

LAST PURCHASE				ON HAND	EXPECTED CONSUMPTION PER MONTH	ITEM NO	QUANTITY WANTED	ARICE AND. DESCRIPTION	DATE WANTED	PURPOSE FOR REQUEST
DATE	QUANTITY	UNIT PRICE	DEALER							
					/ MON	1				
					/ MON	2				
					/ MON	3				
					/ MON	4				
					/ MON	5				
					/ MON	6				

BUDGET		- ATTACHED	1	DESIGN OR DRAWING ☐	2	SPECIFICATION ☐
AMOUNT ESTIMATED			3	SAMPLE ☐	4	OTHERS:

AUTHORIZED FOR REQUEST			REQUESTED BY:	
DEPT. HEAD	CONTROLLER	G. M.	DEPARTMENT: NAME: EXT:	
			REMARK	PURCHASING DEPT.
/	/	/		

3 구매신청서 접수

구매신청서가 구매팀에 도착하면 구매팀의 사무담당자는 결재누락, 예산부족, 사양불명, 카탈로그나 견본의 첨부 여부 등을 검토하여 접수하거나 반송사유를 기재하여 반송시킨다. 접수 시에는 순서에 따라 구매신청서에 접수일자를 기재하여 총 4장 중 사본 1장은 신청부서에 보내고 나머지는 접수한다.

구매팀 사무담당자는 매일 당일의 구매신청서를 모아 구매팀장의 결재를 받은 후 구매담당자들에게 배부한다.

이때 구매팀장은 긴급한 물품의 경우에는 담당자에게 우선적으로 처리토록 지시하고, 중요하거나 금액이 큰 경우에는 별도의 계약을 하거나 시장조사를 하게 지시하기도 한다.

구매담당자는 구매신청서를 검토하여 최종적으로 구매할 브랜드, 경제적 수량, 품질, 사양 등을 결정한다.

또한 구매금액이 소액으로서(통상 3만 원 수준) 긴급한 구매를 할 필요가 있다고 판단될 경우에는 청구부서 직원으로 하여금 소액현금전표(Petty Cash Voucher)를 이용하여 구매부서의 전도자금으로 우선 구매토록 할 수도 있다.

⊙ 소액현금전표 사용절차

① 청구부서에서 기재내용을 작성하여 부서장과 재정팀장, 총지배인의 결재를 받는다.

② 구매팀에서 확인을 거친 후 구매전도자금(fund)을 지급받는다.

③ 청구부서에서 직접 구매하고 업체로부터 물품 및 영수증 등의 제반서류를 받는다

④ 물품 및 영수증 등의 제반서류를 지참하여 검수담당자에게 검수를 받는다.

⑤ 물품을 사용하고 영수증 등은 대금지불담당자에게 제출한다.

⑥ 재정팀에서는 정기적으로 대금을 구매팀에 지급한다.

SEOUL HILTON KYONGJU

소 액 현 금 전 표

PETTY CASH VOUCHER

Generel Cashier　　　　Date: . . 19

Please Pay To :

Only

₩

For

Account

APPROVED　　　　Payment Received

Controller　EAM　GM

COMPTROLLER　GENERAL MANAGER　Signature

(TOTAL NOT TO EXCEED ₩100,000)

4 견적서 접수

구매신청서에 근거하여 구매담당자는 평소의 납품실적이나 시장조사 결과 등을 통해 파악된 업체들을 대상으로 3개 이상의 견적서를 받는다. 단, 독점이거나 기존가격과 동일한 경우 등 복수견적이 불가능한 경우에는 단일견적도 가능하다. 또한 구매예상금액이 소액일 경우에 회사의 전결규정에 따라 단일견적으로 처리하는 경우도 있다(3만 원, 10만 원 이하 등).

업체에서 견적서를 제출할 때는 업체명, 대표자, 사업자등록번호, 작성날짜, 품명, 수량, 규격, 단가, 총금액, 부가세, 납품기한 등을 기재한다.

견 적 서

●상호 :
●사업자등록번호 :
●대표자 :
●사업장 소재지 :
●업테 :
●종목 :

●납기 : 계약 후 일 이내
●납품장소 : 지정장소
●결재조건 :
●연락처 :
●담당자 :

제품명	사양	수량	단가	금액
부가세				
총금액				

상기와 같이 견적합니다

2017. 7. 1

한국상사

대표이사 **홍길동**(인)

5 업체선정

견적서가 모두 도착하면 업체별, 품목별로 기존의 납품단가나 시장조사 등을 통해 파악한 단가와 비교한다. 그 결과 상대적으로 낮은 단가나 가격을 제시한 업체 1~2곳을 대상으로 단가나 총액에 대해 Nego를 시도하여 그 결과에 따라 다른 조건이 동일한 경우 통상 단가나 총액이 가장 낮은 업체를 납품업체로 선정한다.

6 발주

업체선정이 끝나면 발주서(Purchase Order)를 작성한다. 발주서에는 다음 사항을 기재한 후 필요서류를 첨부한다.

기재항목	구매신청서번호, 발주일, 발주서번호, 청구부서명, 납품업체명, 품명, 수량, 단가, 부가세, 발주총액, 납품기한, 지불조건, 분할납품 여부 등
첨부서류	구매신청서, 견적서, 사양서, 카탈로그 등

발주서를 완성한 후에는 다음의 순서에 따라 상급자의 결재를 받는다.

결재순서	구매담당자 → 구매팀장 → 담당임원 → 총지배인 → 사장

업체의 전결규정에 따라 일정금액 단위로 결재를 생략하는 경우도 있다.

예 : 30만 원 : 구매팀장, 100만 원 : 담당임원, 500만 원 : 총지배인, 그 이상 사장까지

발주서의 결재가 완료되면 구매담당자는 지체없이 업체에게 발주서를 보냄으로써 발주한다. 발주의 방법으로는 직접하거나 전화 또는 팩스로 하는 방법이 있으며 통신수단의 발달로 점차 인터넷을 통한 방법을 사용하는 기업이 늘어날 것으로 예상된다. 이때 납품조건이나 납품기한 등 특별한 사항을 주지시킨다.

또한 발주서를 분해하여 검수, 창고, 청구부서, 원가관리부서 등으로 보낸다. 구매팀에서는 발주서 원본과 견적서 등의 제반서류를 발주서 번호순으로 별도로 보관하고 사본은 각 구매담당자가 납기관리용으로 사용한다.

만일 발주금액이 일정 금액 이상으로 크거나 특별히 중요한 건으로 판단되면 별도로 계약을 체결하여 계약 불이행이나 하자의 발생에 대비한다.

7 납기관리

구매담당자는 매일 발주서 사본을 납품기한별로 정리하여 관리하며 검수팀에서 접수된 거래명세표에 의거하여 납품 여부를 확인한다.

중요한 물품의 경우에는 납품당일 검수팀에 가서 직접 확인한다. 납품기한을 지체한 경우에는 납품을 독촉하거나 지체사유를 확인하여 지체없이 이에 대한 대책을 수립, 조치한다.

PARADISE HOTEL
BUSAN

HAEUNDAE P. O. BOX 45, PUSAN, KOREA.
TEL: (051) 742-2121 TLX: PARABH K52145 FAX. (051) 742-2100
(〒 612-010)

PURCHASE ORDER
구 매 발 주 서

하기 품명을 주문합니다.

FAX NO;

DATE

SUPPLIER (업체명) ;				TEL (전화) ;		P. O. NO ;
ITEM NO. (번호)	UNIT (단위)	QUANTITY (수량)	DESCRIPTION (품명 및 규격)	PRICE (단가)	AMOUNT (금액)	REQUESTED BY P. R. NO.

REMARK

PURCHASING MANAGER

DESTINATION (납 품 장 소)	TERM OF PAYMENT (지 불 조 건)	DELIVERY TERM (납 품 기 한)	CONFIRMATION ORDER (발 주 확 인)
OUR INSPECTION OFFICE (당 사 검 수 실)			

PRESID

G.M

R.M

M.D(이

DIR

※상기 기재 금액은 부가가치세 별도의 금액임.

1. 납품시 거래명세표 3부와 세금계산서를 반드시 첨부하십시오.
2. 거래명세표에는 반드시 상기 구매발주 번호(P. O. NO)를 기록하십시오.
3. 제작도중 사양변경이 발생할시는 필히 구매과의 승인후 집행하십시오.
4. 납품기한내 납품이 불가할시는 납기연장 신청서를 제출하십시오.
   정당한 사유없이 지연될시는 지체상금이 부과됩니다. (1일당 해당납품금액의 $\frac{3}{1000}$)
5. 기기류 납품시는 사양서 및 설계도면, 보증서.
   린넨, 유니폼 납품시는 재질보증서를 첨부하십시요.

8 검수

업체가 납품을 위해 물품을 검수팀에 도착시키면 검수담당자는 발주서와 거래명세표, 세금계산서 등의 제반서류를 검토한 후 물품에 대한 검수를 실시한다.

자세한 검수절차는 검수관리에서 설명한다.

9 납품

검수를 마친 물품은 업체직원이 사용부서나 창고로 운반한다. 업체직원은 물품을 인도함과 동시에 거래명세표에 서명을 받아 검수팀에 제출한다.

10 대금 지급

납품과 동시에 검수담당자로부터 발주서, 거래명세표, 세금계산서를 받은 납품대금 지불담당자는 일정 기간 동안의 업체별 납품대금을 정기적으로 지급한다.

대금지급사례	· A 특1급 체인호텔 : 매월 다음달 말일에 수표로 지급
	· B 특1급 Local호텔 : 매월 3회 지불, 단 1천만 원 미만은 현금으로 그 이상은 한달 어음으로 지급

2절 Daily 식자재의 구매절차

업무 진행순서	업무내용	담당부서
1	견적서 접수	구매팀
2	단가계약	
3	Market List 작성	조리팀
4	Market List 접수	구매팀
5	발주	
6	납기관리	
7	검수	검수팀
8	납품	업체
9	대금 지급	재정팀

1 견적서 접수

구매담당자는 Daily 식자재에 대해 시장조사결과 및 과거의 업체실적 등을 참고하여 품목별 우수업체 2개 정도를 선정한 후 사전에 호텔에서 필요로 하는 품목별 리스트의 제시와 함께 통상 한달을 2~3회로 나누어 그 기간 동안은 납품단가를 변경하지 않을 조건으로 사전에 견적서를 받는다.

2 단가계약

견적서상에 기재된 업체별 단가를 품목별로 비교하여 낮게 제시한 업체를 그 품목에 대한 납품업체로 선정한다. 이때 기존단가 및 시장조사 등의 결과를 참고하여 업체와 협의하여 단가를 조정할 수도 있다.

이러한 결과를 서류로 작성하여 상급자의 결재를 받게 되면 일정 기간 동안 업체는 시장상황과 관계없이 고정된 단가로 납품할 권리와 의무를 지게 되며, 이를 단가계약이라고 한다.

결재순서	구매담당 → 구매팀장 → 담당임원 → 총지배인

3 Market List 작성

각 주방에서는 다음날 필요한 식자재에 대해 매일 오후 2시경부터 Market List를 작성한 후 소속주방장과 총주방장의 사인을 받은 후 구매팀에 제출한다. 최근에는 전신시스템의 발달로 조리사나 영양사가 각 주방에서 신청한 Market List의 신청품목을 조리부 사무실에서 직접 입력하는 경우도 있다.

Market List 기재항목	납품예정일, 품명, 수량, 기타 요구사항 등

식자재 견적 비교표

번호	품	목	단위	등락가	종전단가	제주수산	감포상회	부경수산
66	Fish F Hair Tail	칼 치	KG		9,000	9,000	10,000	3,700
67	Fish F Flatfish	가 자 미	KG		1,200	1,300	1,200	2,600
68	Fish L Loach	미 꾸 라 지	KG		9,800	10,000	9,800	13,500
69	Fish F Herring	청 어	KG		1,300	1,300	1,400	1,600
70	Fish L Abalone W/Sheel (L)	전 복(중)	KG	-4,000	88,000	84,000	88,000	120,000
71	Fish L Abalone W/Sheel (M)	전 복(소)	KG	-3,000	83,000	80,000	83,000	83,000
72	Fish Black Mussel w/Sheel	흑 홍 합	KG		800	900	800	
73	Fish Black Mussel Meat	홍 합 살	KG	+200	3,000	3,200	4,000	4,000
74	Fish Clam Meat	조 개 살	KG	+100	5,500	5,600	6,000	6,000
75	Fish Oyster W/O Sheel	깐 생 굴	KG		7,000	7,000	8,800	7,500
76	Fish Oyster W/sheel	피 생 굴	EA		120	120	130	120
77	Fish F Scallop	냉동 가리비	KG		6,000	6,000	6,000	5,500
78	Fish Scallop Fresh	후레쉬 가리비	KG		16,000	16,000	17,000	
79	Fish F Scallop Cleaned Local	냉동 가이바시라	KG	+2,000	14,000	18,000	16,000	17,000
80	Fish F Squid Claeaned W/O	냉동오징어몸살	KG	+200	7,600	7,800	8,000	7,800
81	Fish F Crab Claws	집 게	KG		25,000		25,000	
82	Fish F Carb King	영 덕 게	KG		14,000	14,000	25,000	
83	Fish F Carb Meat	게 다 리 살	KG	-100	12,000	12,000	11,900	12,000
84	Fish F Carb Female (3단)	암 꽃 게	KG	+1,800	5,200	7,000	7,000	50,000
85	Fish F Cabr Male (3단)	숫 꽃 게	KG		4,800	5,800	4,800	50,000
86	Fish F Octopus	참 문 어	KG		19,000	19,000	19,000	20,000
87	Fish F Octopus Steamed	찐 문 어	KG		14,000	소제게560	14,000	
88	Fish F Octopus Leg	문 어 다 리	KG					
89	Fish L Uruk	우 럭	KG					
90	Fish L Sea Cucumber	해 삼	KG		14,000	14,000	14,000	14,000
91	Fish Short-Necket Clam	바 지 락	KG		2,200	2,800	2,200	3,000
92	Fish Ark Shell	꼬 막	KG		1,200	1,300	1,200	1,800
93	Fish Clams Stortneck	모 시 조 개	KG	+300	4,500	4,800	4,800	5,000
94	Fish Corb Shell	재 치 조 개	KG		1,800	1,800	2,000	2,500
95	Fish Mirukai	떡 조 개	KG	+5,900	7,000	13,000	12,900	18,000
96	Fish Corb sheel	개 조 개	KG		6,400	6,400	6,800	800/EA
97	Fish Sea Tangle	생 다 시 마	KG		1,500	1,500	2,000	1,500
98	Fish F Top Shell Meat	소 라 살	KG	-200	7,200	7,000	7,800	7,000

식자재 단가계약 품의서

문서번호.	대우개발제 호							
기안일자	1997. 03. 20	담 당			부 장			이 사
시행일자	1997. 03. 21							
협 조								
수 신 참 조	품 의				발 신		발 송	

제 목 : **일일식자재 단가계약**

다음과 같이 일일식자재에 대한 단가계약을 체결하고자 하오니 재가하여 주시기 바랍니다

- 아 래 -

1. 기 간 : **1997.03. 21 - 1997. 04.20**

2. 발 주 량 : 일일식자재 구매의뢰서에 의함

3. 가격동향
   1) 야 채 류 : 소폭의 상승세
   2) 청 과 류 : 소폭의 상승세
   3) 어 패 류 : 소폭의 상승세
   4) 육 류 : 수입육 - 소폭의 하락세
      돈 육 - 보합세 유지
      한 우 - 소폭의 하락세
   5) 계육/난류 : 소폭의 상승세 (시세적용)
   6) 곡 물 : 보합세 유지
   7) 양념 및 건어물 : 보합세 유지

(주)대우개발-경주힐튼

HILTON SEOUL KYONGJU

일식당일일식자재구매의뢰서
MARKET LIST JAPANESE KITCHEN

ORDER DATE: 29th/JUNE/92 DELIVERY DATE: 30th/JUNE/92

ITEMS		UNIT	ON HAND	WANTED	DEALER	
Fish & Shell Fish						
Bream 2kg	도미	kg		1.5	검포	12000
Halibut 1.5-2kg	광어	〃		1.5	제주	14000
Tuna, Frozen	참치	〃				
Yellow Tail 10-12kg	방어	〃				
Sea Bass 3-4kg	농어	〃				
Salmon 2-3kg	연어	〃				
Cod Fish 4-5kg	대구	〃				
Shad 50-60g	전어	〃				
Snip Fish 20cm	학꽁치	〃				
Mackerel 2-3kg	삼치	〃		-30	FOR 1. July	
Mackerel Pike 250-300g	고등어	〃				
Eel 170-200g	민물장어	〃				
Sea Eel	아나고	〃				
Swellfish 2.5-3kg	사시미복	〃				
Swellfish 3-5kg	지리복	〃				
Amaebi		Box		1	제주	
Cheju, Sea Bream 250-300g	제주옥도미	kg				
Sea Bream, Dry	건옥도미	〃				
Aji	전갱이	〃		5	제주	2500
Hirasu	히라스	〃				
Abalone w/shell 9-10cm	전복	〃				
Prawn ±17cm	차새우	EA				
Prawn alive ±17cm	오도리	〃				
Arch Shell 7-8cm	피조개	kg				
Clams. L 6-7cm	대합	〃				
Clams. M 4-5cm	중합	〃				
Scallops	가리비	〃				
Mirukai 13-15cm	백조개	〃				
Oyster w/o shell	깐생굴	〃				
Top Shell, L	뿔소라	〃				
Cuttle Fish	한치	〃				
Octopus Small	쭈꾸미	〃				
Toro	참치도로	〃				
Squid W/Head 500-600g	갑오징어	〃				
Octopus 4.5-5kg	참문어	〃				
Jelly fish, local	국산해파리	〃				
Sea Cucumber, 15cm	해삼	〃				
Crab, Female	꽃게	〃				
Crab king	영덕게	〃				
Sea Urchin Roe	(대)성게알	Box		1	제주	9000
Salt Entrails, L	해삼창젓	〃		1	제주	17000
Seawood Fresh Thin	간미역	kg				
Seawood Fresh Kelp	물미역	〃				
Salmon Roe	연어알	〃				

ITEMS		UNIT	ON HAND	WANTED	DEALER	
Herring Roe	청어알	kg				
Vegetables						
Celery	셀러리	kg				
Pimento Green	피망	〃				
Chinese Cabbage	통배추	〃		3	진성	380
Lettuce Head	양상치	〃		1	성림	2000
Cabbage	양배추	〃		1	진성	400
Turnips	무우	〃		5	진성	380
Mushroom Kind	표고버섯	〃				
Mushroom Agaric	느타리버섯	〃				
Mushroom Winder	팽이버섯	Bong		2	성림	800
Cucumber	오이	kg		4	진성	1100
Carrot	당근	〃				
Sweet Potato	고구마	〃				
Eggplant	가지	〃				
Pumpkin Green	애호박	〃				
Green Pepper Chilli	풋고추	〃				
Spinach	시금치	〃				
Mustard Leaves	떡갓	〃		1	진성	1400
Korean Parsley	미나리	〃		1	진성	900
Potato	감자	〃				
Green Beansprouts	숙주	〃				
Onion, L	(대)양파	〃				
Onion, S	(소)양파	〃				
Leek, L	대파	〃				
Spring Onion	실파	〃				
Garlic, cleaned, special	(특)깐마늘	〃				
Ginger, cleaned	깐생강	〃				
Ginger sushi	초밥생강	〃				
Lotus Roots	통연근	〃				
Burdock	우엉	〃				
Taro	토란	〃				
Yan	산마	〃				
Kahoo	가부	〃				
Kinome	기노메	Box				
Mitsuba	미쓰바	〃		1	성림	600
Okra	오크라	〃				
Small Carrot	꼬마당근	〃				
Kyona	교나	kg				
Small Eggplant	꼬마가지	Box				
Chive	흰산파	Box				
Swun Chai	순채	kg		5	성림	300
Kaiware	무우순	Box		5	성림	500
Flower Cucumber	꽃오이	〃				

ITEMS		UNIT	ON HAND	WANTED	DEALER	
Yemran	염란	EA				
Water, Cresson	크레송	Box				
Reddachio	빨간잎상추	〃				
Chikery		〃		1	성림	900
Flowr Egg Plant	가지꽃	〃				
Miscellaneous						
Gingko, cleaned	깐은행	kg				
Chestnuts	생율	〃				
Plums Pickled	간매실	〃				
Leek Pickled	락교	〃				
Turnip Pickled Dry	단무지	〃				
Naratsuke	참외지	〃				
Bean Curd, soft	연두부	EA		1	대구	350
Hukujintsuke	오복채	〃				
Sliced Dry Pumpkin	박고지	kg				
Konyaku, L	판곤약구	Bag				
Thin Konyaku	실곤약구	〃				
Fish Paste		kg		1	대구	1000
Glass Noodle	당면	kg		1	대구	4400
Buckwheat Noodle	모밀국수	Pan				
Vermicelli	우동국수	〃				
Thin Noodle	소면	〃				
ChilliPaste	고추장	kg				
Red Pepper	고추가루	kg				
Abura-Age	유부	〃				
Tangle Dry	건다시마	〃				
Dry Laver Glade, Special	(특)초밥김	Sht		500	대구	50
Ginseng	수삼	kg				
White Sesame Seeds	참깨	〃				
Glutineous Rice	찹쌀	〃				
Dry Ice	드라이아이스	Box				
Rice	쌀	kg				
Black Sesame Seeds	검정깨	〃				
Katsuobushi	가쓰오부시	〃				
Fruit						
White Melon	백설메론	EA				
Apple 400-450g	사과	〃		4	정과	1100
Pear 600-650g	배	〃		X		
Persimmon Sweet 250-300g	단감	〃				
Strawberry	딸기	kg				
Water Melon	수박	EA				
Grape	포도	kg		1	정과	6000
Musk Melon	머스크메론	EA		3	〃	3500
Abocado		〃		7	〃	4000
Peach	복숭아	〃				

4 Market List 접수

Market List가 구매팀에 도착하면 구매팀 사무담당자는 결재누락, 사양불명 등을 검토하여 특별한 사유가 없으면 접수하여 구매팀장의 결재를 받은 후 Daily 식자재 담당자에게 배부한다.

5 발주

Daily 식자재 담당자는 Market List를 접수하면 오후 4시경에 품목별로 단가가 저렴한 업체를 골라 Market List에 발주업체와 납품단가를 기재하여야 하며 사본은 검수팀에 넘긴다.

발주는 전화, 팩스, 메일로 하며, 최근에는 구매담당자가 호텔의 홈페이지를 통해 납품업체를 선정해 주기도 한다.

이때 업체별 단가가 동일한 품목의 경우는 가능한 당일 발주량이 적은 업체에 발주하여 균형을 유지하도록 한다.

만일 다음날이 공휴일인 경우에는 전전날에 2일분을 동시에 발주하고, 토요일에는 월요일분을 발주하다. 또한 Market List에 의한 발주가 끝난 후 주방의 긴급한 사정으로 추가적인 주문이 필요한 경우에 주방에서는 긴급구매신청서(urgent order)를 작성하여 총주방장까지 결재를 받은 후 구매팀에 제출하면 구매팀에서 긴급히 발주를 하여 납품이 되도록 조치한다.

SEOUL
HILTON
KYONGJU

긴 급 구 매 청 구 서
URGENT ORDER SHEET

Date :________ From :________

No.	Description	Wanted	Firm	Price
1				
2				
3				
4				
5				
6				
7				
8				
9				
10				

ISSUED ______ APPROVED BY ______ PURCHASING ______

6 납기관리

구매담당자는 발주를 한 후 발주한 물품들이 정해진 날짜나 시간에 이상없이 납품이 될 수 있도록 항상 관심을 갖고 수시로 확인해야 한다. 만일 발주당시 또는 사후에 납품이 불가하다는 업체의 연락을 접하면 즉시 업체에 경고하고 경쟁업체에 Nego하여 발주하며, 이러한 경우가 반복되는 업체와는 향후 거래를 자제한다.

7 검수

업체가 납품을 위해 물품을 검수팀에 도착시키면 검수담당자는 Market List와 거래명세표, 세금계산서 등의 제반서류를 검토한 후 물품에 대한 검수를 실시한다. 자세한 검수절차는 검수관리에서 설명한다.

8 납품

검수를 마친 물품은 업체직원이 각 주방으로 운반한다. 업체직원은 물품을 인도힘과 동시에 거래명세표에 서명을 받아 검수팀에 제출한다.

9 대금 지급

납품과 동시에 검수담당자로부터 거래명세표와 세금계산서를 받은 지불담당자는 일정 기간 동안의 업체별 납품대금을 정기적으로 현금 또는 어음으로 지급한다.

3절 기타의 구매관리업무

- 월별이나 연별로 구매현황을 집계하여 보고한다.
- 중요품목이나 금액이 큰 경우에는 발주서 작성 외에 별도로 계약을 체결한다.
- 중요물품이나 반복거래 품목에 대해서는 단가계약을 통해 업무량을 줄인다.
- 특수한 물품은 현금을 지참하여 시장에서 직접 구매한다.
- 정기적으로 시장조사, 업체조사를 하여 가격동향을 파악하고 우량업체를 개발한다.
- 업체정보지, 물가자료지를 구독하여 숙지하고 카탈로그를 수집한다.
- 구매직원에 대한 정기적인 교육훈련을 실시한다(윤리교육, 협상기술, 전시회 참관 등).
- 정기적으로 업체를 평가하여 우수업체를 포상한다.
- 수시로 업체리스트를 update한다.
- 지방호텔의 경우 고속화물로 배달되는 물품을 수령한다.

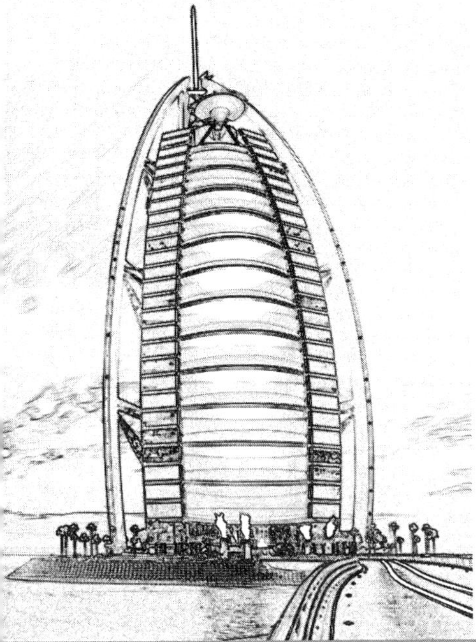

8장 검수관리

1절 검수의 의의

2절 검수절차

8 장

검수관리

1절 검수의 의의

1 검수의 개념

검수란 업자가 납품하기 위해 배달한 물품에 대해 주문내용과 일치하는지를 확인하여 합격 여부를 확인하는 절차를 의미한다. 호텔의 검수인원은 호텔의 규모에 따라 다르나 보통 1명에서 3명 정도이며, 검수업무는 고도의 공정성이 요구되므로 이를 보장하기 위해 특히 체인호텔의 경우는 발주부서와 소속을 분리하는 경우가 많으며, 반면에 국내호텔들은 업무의 효율성을 중시하여 같은 부서에 두는 경향이 있다. 또한 호텔의 구매물품에 대한 검수 중에서도 약 60%를 차지하는 식자재의 검수가 특히 중요한 부분을 차지한다.

검수물품의 이동경로

물품의 종류		물품의 이동경로				
일반자재	1회성 물품	검수		➡		사용부서
	반복성 물품	검수	➡	일반창고	➡	사용부서
식음자재	Daily 식자재	검수		➡		주방
	저장 식음자재	검수	➡	식자재창고	➡	주방

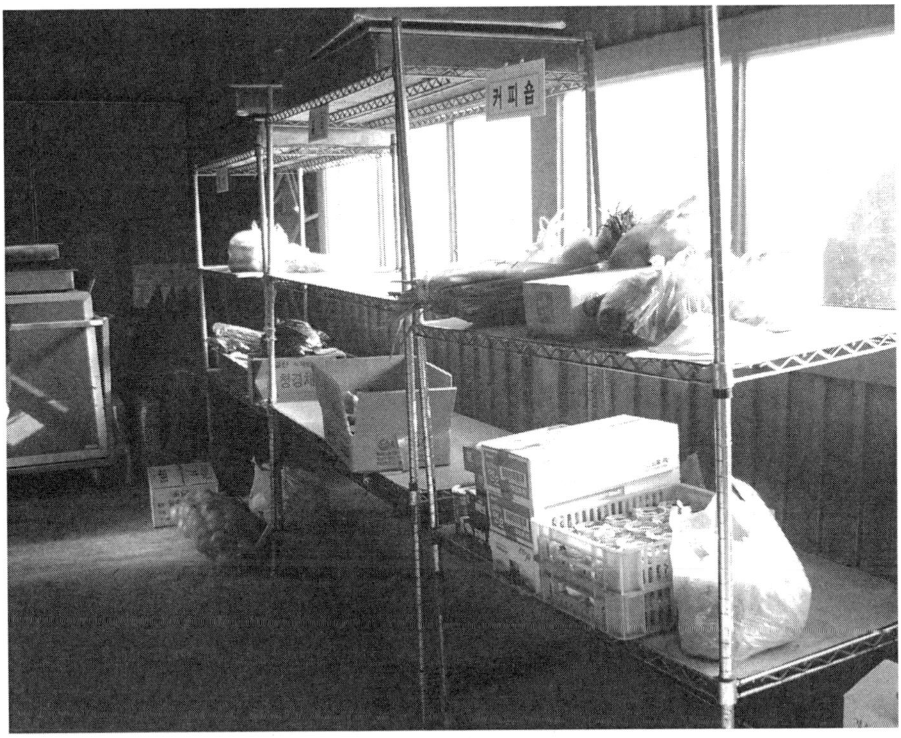

▲검수선반

2 검수시설

통상 호텔의 건물 뒤쪽에 종업원 출입구나 기타 물품이 들어가고 나가는 통로가 있다. 검수장소(Receiving Dock)의 위치는 호텔 물품의 반입과 반출이 이루어지는 지역에 위치하며, 차량이 진입할 수 있을 만큼 충분한 공간을 유지하고 있다.

검수실은 가능한 창고, 주방 등과 가까운 위치에 있어야 물품의 원활한 운반 및 저장이 가능해야 하며, 따라서 가능한 같은 층에 두고 직선거리로 배치하는 것이 좋다.

또한 검수장소의 면적은 물건과 사람이 이동하기에 충분히 넓고 모든 물품들이 한번에 검수받을 수 있도록 충분히 커야 한다.

검수장소의 바닥은 잘 닦이는 재질로 만들고 배수가 잘 되어야 한다. 기타 안전성, 적절한 조명시설, 청소시설 등의 요건을 잘 갖추어야 한다.

3 검수시간

검수시간은 미리 공지하여 납품업자가 특정한 시간에 맞추어 배달하도록 하는 것이 바람직하다. 이처럼 미리 시간을 정해 두면 한꺼번에 많은 물건이 배달되어 혼란을 일으키거나 검수가 불충분하게 이루어지는 것도 막을 수 있으며, 또한 검수담당자의 식사시간이나 검수담당자가 없는 시간에 물품이 배달되는 것을 막을 수 있다. 통상 상하기 쉬운 식품의 경우는 아침에 배달되는 경우가 많으며, 기타 특별한 경우는 예외로 한다.

시간대별 검수업무

시간	검수업무
오전 8시 30분 ~ 9시 30분	Daily 식자재
오전 10시 ~ 12시	창고식자재, 음료자재
오후 1시 ~ 3시	일반자재
오후 4시 ~ 6시	서류정리

4 검수장비

구분	검수장비
기본장비	검수선반, 저울, Cart, 계산기, 형광물질측정기, 온도계, 당도계, 직물밀도측정기
기타장비	칼, 가위, 톱, 장도리, 끈, 포장지, 통조림따개, 케비넷 등

5 검수담당자의 자격 요건

① 부정부패를 모르는 청렴성을 지녀야 한다.

② 물품 및 구매업무에 대한 전문지식을 갖추고 있어야 한다.

③ 회사를 대표하는 얼굴이므로 친절해야 한다.

④ 물품평가를 객관적으로 할 수 있는 공정성을 지녀야 한다.

2절 검수절차

1 서류검수

납품업자가 물품을 도착시키면 검수담당자는 먼저 서류검수를 하고 이상이 없을 경우 물품검수를 행한다.

서류검수는 구매팀으로부터 사전에 받아놓은 발주서에 근거하여 납품업자가 제출한 제반서류의 구비 여부와 기재사항의 정확성을 확인하며 아울러 납기일의 준수 여부도 파악하는 일을 말한다.

(1) 거래명세표(Invoice)

납품업자가 물품을 납품할 때는 필히 거래명세표를 기재하여 제출하는데 송장이라고도 한다.

거래명세표는 납품되는 물품에 대한 품목, 수량, 가격 등이 기재된 서류로서 납품의 증빙자료 및 물품대금 청구용으로서의 의미를 지닌다.

❶ 거래명세표의 기재사항

- 공급자 관련 : 사업자등록번호, 상호, 대표자, 주소지
- 물품 관련 : 품명, 규격, 단위, 수량, 단가, 금액, 세금
- 기타 : 발주서번호, 납품일자, 수령부서, 관계자 서명 등

❷ 거래명세표의 용도

- 납품업자의 납품 증빙자료
- 검수일지의 작성자료

- 납품대금 청구용
- 신청부서나 창고의 관리자료
- 구매부서의 입고 여부 판단 및 구매금액 산출용
- 원가관리부서에서 원가계산용

株式會社 大宇開發 - 경주힐튼호텔 KYONGJU HILTON

거 래 명 세 표
RECEIVING RECORD

R/NO.

공 급 받 는 자			
사업자 등록번호	505-85-02887		
상 호	(주)대우개발	대표	유 진 무
주 소	경북·경주시 신평동 370		

일 자 (Date): . . 19

부 서 (Dept.):

공 급 자			
사업자 등록번호			
상 호		대표	㊞
주 소			

No.	품 명 (Description)	규 격 (Size)	단 위 (Unit)	수 량 (Q'ty)	단 가 (U/Price)	금 액 (Amount)
1						
2						
3						
4						
5						
6						
7						
8						

Counted, Inspected and received in stock.

수 령 자 (Received by):

P. R No.:

P. O No.:

검 수 자 (Receiving Clerk):

Complete, Partial

검수과장(Receiving Officer)

합 계 (S/T)	
부가세 (VAT)	
총 계 (G/T)	

재정부 (Accounting)용

No. 9768041

(2) 세금계산서

일반과세자가 재화 또는 용역을 공급할 때 부가가치세법에 의하여 거래의 상대방에게 교부하는 증빙서류로서 필수 기재사항과 임의 기재사항이 있다.

전자에는 굵은 선으로 표시된 기본적인 사항으로 전부 또는 일부가 기재되지 아니하거나 사실과 다르게 기재된 때에는 정당한 세금계산서로 보지 아니하며, 이를 교부한 사업자에 대해서는 가산세를 부과하고 이를 수취한 사업자에 대해서는 부가세 매입세액을 공제하지 않는다.

반면 후자에는 기재하지 않았거나 오류가 발생한 경우에 가산세나 매입세액 불공제 조치를 하지 않는다.

❶ 필수 기재사항

- 공급자의 사업자등록번호와 성명 또는 명칭
- 공급받는 자의 사업자등록번호
- 작성 연, 월, 일
- 공급가액과 부가가치세

❷ 임의 기재사항

- 공급하는 자의 주소
- 공급받는 자의 상호, 성명, 주소
- 공급하는 자와 공급받는 자의 업태와 종목
- 공급품목
- 단가와 수량
- 공급 연, 월, 일
- 거래의 종류

❸ 계산서

국민의 기초생활과 관련되는 재화나 용역으로서 부가가치세법에 규정된 원재료나 면세물품을 공급하는 면세사업자가 거래의 상대방에게 교부하는 증빙서류로서 기재내용은 세금계산서와 거의 동일하지만 부가가치세가 면제됨으로 부가가치세액란이 없다.

(별지 제11호 서식)

세금계산서 (공급자 보관용)

책번호	권	호
일련번호	—	

공급자				공급받는자			
등록번호				등록번호	— —		
상호 (법인명)		성명		상호 (법인명)		성명	
사업장 주소				사업장 주소			
업태		종목		업태		종목	

작성			공급가액											세액										비고
년	월	일	공란수	백	십	억	천	백	십	만	천	백	십	일	십	억	천	백	십	만	천	백	십	일	

월	일	품목	규격	수량	단가	공급가액	세액	비고

합계금액	현금	수표	어음	외상미수금	이 금액을 영수 청구 함.

22226-28132일 95. 1. 25승인 182mm×128mm 인쇄용지(특급) 34g/㎡

(별지 제1호 서식)

계 산 서 (공급자 보관용)

책번호	권	50 호
일련번호	—	

공급자				공급받는자			
등록번호				등록번호	— —		
상호 (법인명)		성명	㉑	상호 (법인명)		성명	㉑
사업장 주소				사업장 주소			
업태		종목		업태		종목	

작성			공급가액											비고
년	월	일	공란수	백	십	억	천	백	십	만	천	백	십	일	

월	일	품목	규격	수량	단가	공급가액	비고

합계금액	현금	수표	어음	외상미수금	이 금액을 영수 청구 함

2207-325A '96. 3. 27 승인 인쇄용지(특급) 20g/㎡

❹ 영수증

국가의 징세업무의 복잡성을 해결하기 위해 연간매출액이 4,800만 원 미만인 사업자가 최종소비자를 대상으로 하는 소액거래에 사용되는 것으로 부가세를 별도로 기재하지 않고 공급자와 공급가액에 세액을 포함한 금액을 기재하며 공급받는 자에 관한 사항은 기재하지 않는다. 이 경우 거래의 쌍방은 세무서에 신고할 필요가 없으며 경비처리의 증빙자료로서 사용할 뿐이다.

No.

영 수 증 (공급받는자용)

귀하

공급자	사 업 자 등록번호	621-05-94902		
	상 호	미도문화사	성명	유 미 자
	영 업 장 주 소	부산시 금정구 장전동 408-2		
	업 태	제 조	종목	상업인쇄 제 책

작 성 년 월 일	금 액	비 고
200 . . .		

위 금액을 영수 (청구)함.

월일	품 목	수 량	단 가	금 액
			₩	

※ 부과세는 별도로 합니다.

2 물품검수

제출된 서류에 이상이 없으면 이들 서류의 내용과 물품을 비교하며 다음 사항을 확인하고 물품에 이상이 없는 경우에 한하여 납품을 허가하며 이상이 있는 경우에는 원칙적으로 납품을 거부한다. 만일 부득이하게 입고시켜야 할 경우에는 신청부서 및 구매부서의 담당자들과 상의하여 물품가격을 삭감하는 등의 조건으로 납품을 허가하는 경우도 있다.

물품검수를 할 때 일반적으로 확인해야 할 사항은 다음과 같이 나눌 수 있다.

단계	중요 확인사항
1 단계	수량(눈), 중량(저울), 크기(자 또는 육안)를 확인한다.
2 단계	형태(육안), 상태(청결성, 신선도, 맛, 색상, 광택, 냄새, 탄성 등)
3 단계	당도(당도계), 밀도, 온도 등
4 단계	유통기간, 제조일자, 유해성(세균오염, 독성, 방사능, 농약 등), 이물질, 첨가물, 진품, 중고품 여부, 불량 여부

(1) 물품검수의 유형

1) 전수검수

납품된 물품의 전부를 하나하나 검사하는 방법으로 물품이 소량이거나 고가품, 희귀성 물품이나 특별한 경우에 주로 사용하며, 정확하나 시간이 많이 소요된다.

2) 발췌검수

납품된 물품의 일부를 무작위로 선택하여 검사하는 방법으로 검수시간이 절약되며, 수량이 많을 경우에 주로 사용된다.

3) 현장검수

전기공사, 건물도색, 화훼심기, 벽지공사, Renovation 등의 각종 대형공사 등은 공사완료 후 공사현장에서 검수를 한다.

(2) 물품검수시 주의사항

1) 채소

채소류는 중량 및 동일 품목에 대한 업장별 규격이 상이하므로 각별히 유의하여야 한다. 특히 특수채소는 크기, 모양 및 특성을 반드시 숙지하여야 한다.

❶ 선도

채소류는 반드시 신선한 상태로 입고되어야 하며, 표면상태 및 향을 잘 살펴보아야 한다. 또한 동결 여부, 장기간 보관 여부, 자연 상태에서의 건조 여부를 파악하여야 한다.

표면이 지나치게 건조하거나 수분이 많이 함유된 것, 색깔이 지나치게 진하거나 엷은 것, 뿌리가 마르거나 시든 경우는 일단 의심해 보아야 한다.

❷ 단위

채소류는 보통 kg을 단위로 하며, 일부 품목들은 PACK 단위를 사용한다. 단위가 kg이면서 PACK으로 입고되는 제품은 반드시 kg으로 환산해야 한다.

❸ 규격

정해진 규격에 적합한가, 다듬은 채소의 경우 용도에 맞게 다듬었는가, 업장별 기준에 적합한가 여부를 잘 살펴보아야 하며, 동일품목의 상이한 규격 또한 잘 살펴보아야 한다.

2) 과일

과일류는 크게 구분하여 국내산 과일과 열대성 과일로 나누어지며, 국내산 과일은 사철과일과 계절과일로, 열대성 과일은 국내산과 수입산으로 각각 구분할 수 있으며, 또 사철과일은 노지산과 하우스산으로 다시 구분한다.

본래 과일은 계절적 구분이 뚜렷하였으나, 최근에는 재배방법과 저장시설의 발달로 인해 계절에 관계없이 수확 및 유통되는 경우가 많아지고 있으며, 열대성 과일의 국내 수확도 많이 이루어지고 있어 과일의 특성 중 하나인 계절성은 점차로 퇴색되고 있는 상황이다. 그러나 동일품목이라도 노지산과 하우스산, 국내산과 수입산은 맛, 향, 당도 등에 있어 현격한 차이가 있다.

과일류 역시 선도, 중량 및 규격이 업장별로 상이하므로 이 점에 각별히 유의하여야 한다.

❶ 선도

과일류의 생명은 신선도에 있다고 할 수 있다. 표면에 윤기가 흐르고 설개할 때 은은한 향이 나며, 맛을 볼 때 특유의 맛과 당도가 입안 가득히 느껴져야 하며, 손으로 눌렀을 때 탱탱한 느낌이 전해져야 한다.

표면에 윤기가 없거나 작은 점들이 있다든지, 손으로 눌러서 일정 부분에 자국이 생기면 문제가 있는 것이며, 껍질을 벗기거나 깎을 때, 푸석푸석한 느낌이 들거나 잘 깎이지 않거나 또한 향 및 당도가 전혀 느껴지지 않을 때도 선도를 의심해야 한다.

물론 저장 과일 및 수입과일의 경우 보관 기일이 늘어날수록 선도가 떨어지기 때문에 이 점을 감안하여야 한다. 또한 품질 및 선도 유지를 위해 주방의 협조를 얻어 맛을 확인하는 것이 좋다.

❷ 단위

과일류의 단위는 kg 및 개수(ea)로 하며 개수에도 정해진 중량이 있으므로 이 점에 각별히 유의하여야 한다.

❸ 규격

동일 품목에 대한 규격이 중량 및 상태에 따라 정해져 있으며, 업장별 사용용도에 따라 정해진 규격에 적합한가를 잘 살펴보아야 한다.

특히 룸서비스에서 객실로 제공되는 과일 및 판매용 과일은 크기가 일정하고 모양이 반듯하며 흠집이 전혀 없어야 한다.

3) 육류

육류는 국내산과 수입산으로 구분하며 그 외 뼈 및 기타부산물 등이 있다. 육류 또한 업장별 규격이 상이하므로 이에 대한 주의가 요망된다.

❶ 선도

수입산 육류는 대개 냉동상태로 유통되며, 국내산 한우는 도축 후 바로 공급되거나 경우에 따라서 냉장상태로 유통되기도 한다. 냉동의 경우 유통과정 중 해동되었다가 재냉동되는 경우 및 오랜 기간 냉동보관 여부를 잘 살펴야 하며, 국내산 한우는 냉동제품의 입고는 절대 불가하다.

육류 또한 선도는 매우 중요하며, 육질 및 표면의 빛깔과 지방질의 분포를 잘 살펴야 하는데, 상등육은 맑은 선홍색으로 지방질의 심이 얇고 고르게 퍼져 있다. 표면의 빛깔이 진하거나 육질이 굳고 진한 갈색 빛이 나면 일단 의심해 보아야 한다.

❷ 단위

중량은 kg 단위를 사용하며 통돼지의 경우는 마리를 단위로 한다.

❸ 규격

제품별 규격이 업장에 따라 매우 다양하며, 대부분 용도에 맞게 손질되어 입고되어야 하며, 따라서 규격에 대한 숙지가 필요하다.

❹ Meat Tag(꼬리표)

검수가 끝난 후 창고에서 보관할 육류는 선입선출 용이, 재고관리 용이, 출고시에 중량을 재는 번거로움 생략, 가격 및 공급업자명 확인 등의 목적을 위해 운반전에 포장박스에 검수날짜, 납품업체명, 품명, 중량, 수량, 가격, 확인자 등을 기재한 meat tag을 붙힌다.

meat tag은 일련번호순으로 사용되며 모든 정보가 기재되면 한 부분은 물품박스에 부착하고 다른 한 부분은 재고관리용으로 사용하다 출고 시 두 개의 meat tag을 동시에 폐기한다.

Kyongju Hilton

육 류 물 표
MEAT TAG 1501

DATE ______________________

DEALER ______________________

CUT ______________________

WEIGHT ______________________ KG

UNIT PRICE ______________________

CHECKED BY ______________________

Kyongju Hilton

육 류 물 표
MEAT TAG 1501

DATE ______________________

DEALER ______________________

CUT ______________________

WEIGHT ______________________ KG

UNIT PRICE ______________________

CHECKED BY ______________________

4) 수산물

수산물은 어류, 패류, 갑각류 및 해초류로 구분하며, 이는 다시 Live(살아있는 상태), Fresh(살아 있지는 않으나 싱싱한 상태) 및 Frozen(냉동상태)으로 구분한다.

수산물은 입고 시 품목별 상태 파악에 각별히 주의를 기울여야만 하며 검수 후, 가능한 빠른 시간 내에 주방으로 입고될 수 있도록 조치하여야 하며, 특히 여름철에는 수산물의 입고를 가능한 우선적으로 처리해야 한다. 또한 납품차량은 반드시 냉동, 냉장 및 산소공급 설비가 되어 있는 해수탱크 차량이어야 하며, 기기의 가동 여부도 점검해야 한다. 수산물은 식중독 발병의 최대 원인이므로 제품별 특성 및 상태, 위생적 처리 여부 등 제반 사항에 대해 철저한 숙지가 반드시 필요하다.

❶ 선도

① Live

활어는 살아있는가의 여부만이 아니라 얼마나 양호한가, 즉 힘차게 움직이는가, 표면의 빛깔은 선명한가, 비늘, 지느러미 및 아가미의 상태는 좋은가의 여부를 파악하는 것이 중요하다.

양식활어의 경우, 전염병에 감염 여부의 파악이 중요한데, 표면빛깔이 탁하거나 비늘이 부분적으로 떨어져 있거나 육질이 무른 경우는 입고가 불가하며, 또한 외상이 많은 경우도 역시 입고가 불가하다. 운송시간의 파악도 역시 중요한데, 장시간 운송의 경우 활어의 생존기간이 운송시간 경과에 빈비례하기 때문이며, 적어도 산지로부터 3시간 이내에 입고되어야 하며, 주방 수족관에 넣은 후 적어도 1주일 정도는 생존할 수 있어야 한다.

패류는 껍질이 깨졌다던가, 빛깔이 탁하든가 또는 건드려도 아무런 움직임이 없으면 문제가 있는 것이다. 그리고 모든 품목은 반드시 해수에 담겨진 상태로 납품되어야 하며, 업장으로 가능한 빨리 입고되도록 조치해야 한다.

② Fresh

수산물의 선도 파악에 있어서 중요한 것은 활어에서 사어로의 경과시간이 짧을수록 싱싱하다는 것이다. 그러므로 모든 기준은 활어와 비슷한 수준으로 적용하여야 한다. 또한 판단의 중요한 기준으로서는 냄새 및 아가미 상태인데, 수산물 특유의 냄새 및 해수향 이외의 냄새가 있어서는 안되며 아가미를 벌렸을 때 빛깔이 탁하거나 짙고 상한 냄새가 나면 문제가 있는 것이다. 또한 육질이 무르거나 껍질이 손상된 것 역시 문제가 있다고 할 수 있다. 그리고 가능한 얼음에 담겨서 입고되어야 하고 업장으로 빨리 입고되도록 조치해야 한다.

③ Frozen

냉동수산물은 제품마다 유효기간이 표시되어 있으므로 이에 대한 주의가 요망되며 가능한 생산일로부터 6개월 미만의 제품을 입고하도록 한다. 또한 결빙상태가 양호한지, 즉 납품 시 녹은 흔적이 없어야 한다.

그리고 냉동된 상태이기 때문에 제품상태 파악이 어려운 점이 있으므로 주방과 협조하여 해동시켜 상태를 파악하도록 한다.

❷ 단위

중량은 kg단위를 기본으로 하고 Pack, Pcs, Box를 단위로 하는 제품도 있으나 이것 또한 정해진 kg이 있으므로 단위당 kg에 대한 숙지가 필요하며, 냉동품 중 일부 품목은 수시로 단위당 중량이 바뀌는 경우가 있으므로 이에 대한 주의가 요망되고 해동 시 중량이 2/3 이하로 줄어서는 안 되며, 수시로 주방과 협조하여 상태를 파악하여야 한다.

❸ 규격

업장별 동일제품에 대한 규격이 상이하므로 이에 대한 숙지가 필요하며, 냉동제품의 경우 국내산과 수입산이 있으므로 정해진 산지에 대한 구분이 필요하다.

3 사후업무

검수 후 납품을 허용할 경우에는 거래명세표에 검수도장을 찍어주고 또한 검수시 물품에 하자가 발생한 경우에는 사용부서의 의견을 고려하여 반품을 하거나 또는 납품을 허용하되 납품대금에서 일정 금액을 공제하기로 업체와 협의한다. 반품 시에는 반품사유를 명시한 반품서를 작성하여 업자와 구매팀 및 신청부서에 보낸다.

한편, 납품기한을 어긴 물품에 대해선 회사규정에 따라 지체상금요청서를 작성하여 재정팀에 보내서 대금의 지불 시 통상 지체일수 1일당 납품대금의 3/1000을 지불할 납품대금에서 미리 공제도록 조치한다. 이후 당일 처리한 제반서류를 정리하고 검수일지를 작성하여 보고하며, 아울러 필요한 서류를 구매팀, 재정팀, 원가관리담당자 등에게 보낸다.

아울러 검수담당자는 시장상황 및 물품에 대한 정확한 정보를 파악하기 위헤 수시로 시장조사를 해야 한다.

Kyongju Hilton

반 출 증
Outgoing Record

0115

200

TO

Address

City State Zip

REASONS FOR SENDING GOODS OUT		SHIPPED VIA		CHARGES	
	REPAIR		FREIGHT		
	CLEANING		EXPRESS		
	RETURNED TO SHIPPER		PARCEL POST		
			LOCAL DELIVERY		

TO BE RETURNED DATE

PACKAGES	BOXES	BUNDLES	BARRELS	

QUANTITY	ARTICLE

MERCHANDISE SOLD FOR ₩

CONSIGNMENT ORDER NO.	AUTHORIZED BY

ABOVE SHIPMENT MADE AT REQUEST OF DEPARTMENT

COUNTED AND PACKED BY :

RECEIVED BY :

검 수 일 지

<table>
<tr><td colspan="5" rowspan="2">납품일자 : 20 년 월 일</td><td rowspan="2">결
재</td><td>담당</td><td></td><td>팀장</td></tr>
<tr><td></td><td></td><td></td></tr>
</table>

번호	업체명	품명	단위	수량	단가	금액	사용부서	비고

상기와 같이 검수하였음

2017년 월 일

검수자 : 홍 길 동 (인)

* 비고란에는 품질상태, 가격조정, 지체상금 등 특이사항 기재

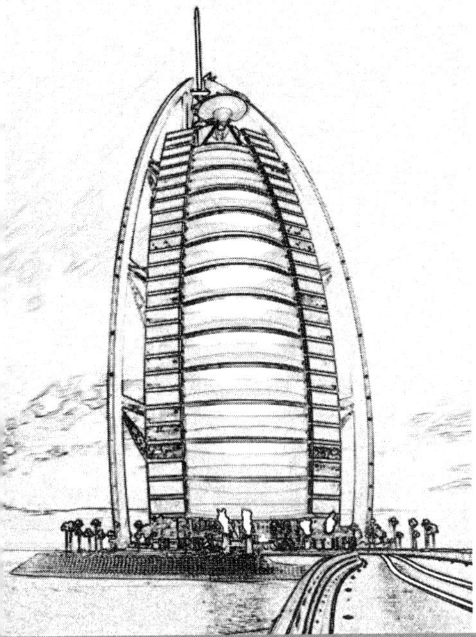

9장 창고관리

1절 입출고관리
2절 저장관리
3절 재고관리

9 장
창고관리

창고관리란 구매과정을 통하여 납품된 창고자재를 생산부서에서 사용하기 전까지 부패, 도난 및 손상되지 않도록 적절한 방법으로 관리, 통제하는 것을 의미하며, 이러한 창고관리 업무는 다시 입출고관리, 저장관리 및 재고관리 등으로 나눌 수 있다.

이와 같은 창고관리의 목적은 다음과 같다.

- 물품 확보의 불확실성이나 구매시간의 지연에 따른 생산의 차질 예방
- 최적의 저장 및 재고관리를 통한 최상의 품질 유지 및 손실의 최소화
- 경제적 소요량에 의거한 물품 조달을 통한 원가절감
- 대량구매를 통한 업무의 간소화

1절 입출고관리

1 입고절차

입고란 납품된 물품이 검수를 거친 후 창고에 반입시키는 절차를 말한다. 물품의 입고경로로서 일반자재는 일반창고로 바로 입고되며, 식음자재의 경우 저장품이 식자재창고로 입고된다.

⊙ 입고절차

① 납품업자가 검수를 마친 후 물품을 거래명세표와 함께 창고담당자에게 제출한다.

② 창고직원은 물품 및 거래명세표 등을 확인한 후 입고시킨 후 거래명세표에 서명한다.

③ Bin Card나 컴퓨터상에 입고내역을 기재한다.

2 출고절차

출고란 납품된 물품이 사용부서의 신청에 의해 창고로부터 반출되는 과정을 말하며 출고절차는 다음과 같다.

① 사용부서에서는 창고물건불출증을 작성하여 소속부서장까지 결재를 득한다. 창고물건불출증은 보통 사용부서, 창고 및 원가관리부서에 배부되며 따라서 3장으로 구성되어 있다.

창고물건불출증의 기재란은 다음과 같이 나누어 볼 수 있다.

- 기본란 : 창고구분, 사용부서, 청구일자
- 내용란 : 품명, 수량, 단위, 출고량
- 서명란 : 사용부서 담당자 및 부서장, 출고담당자, 수령인

② 사용부서에서는 불출요일의 보통 오전 10시부터 오후 3시까지 창고물건 불출증을 창고담당자에게 제출하여 물품을 신청한다.

③ 창고담당자는 물품을 선입선출원칙에 의해 출고시킨 후 창고물건불출증에 서명한다. 정해진 시간 이외에는 서류정리, 재고조사, 발주 등의 업무를 한다.

④ 창고담당자는 Bin Card나 컴퓨터에 출고내역을 기재하고 월별, 연별로 출고현황을 보고한다.

Gyeongju Hilton

창 고 물 건 불 출 증
STORES REQUISITION

FOOD ☐ GENERAL ☐
BEVERAGE ☐ OTHERS ☐

No. 2021095

DEPT : ____________

DATE: ____________

QUAN.	UNIT	DESCRIPTION	CODE No.	QUAN. ISSUED	UNIT PRICE	AMOUNT

(ORDER BY)	(APPROVED BY)	(ISSUED BY)	(RECEIVED BY)

2절 저장관리

1 저장방법의 발달과정

인류가 식품을 저장하게 된 기원은 정착생활을 하면서부터이다. 즉 추위, 비 또는 눈 등의 자연재해를 피하기 위해 집을 짓게 되었고 집단생활을 하게 되면서 우연하게 불을 발견하여 익혀서 먹는 습관을 기르게 되었으며, 그러다가 점차 먹이를 찾아 움직이는 번거로움을 덜고 추운 겨울철을 대비하기 위해 야생의 동물을 포획하여 가축화하거나 식물을 직접 재배하여 원하는 시기에 식품을 얻는 지혜를 터득하게 되었다. 또한 어느 일정 기간에만 생산되는 식품들을 햇빛에 말리거나 바닷물에 담구는 방법 등의 저장기술도 터득하였다.

그 후 과학문명의 발달과 함께 냉동, 냉장, 가스저장이나 가공식품 개발 등의 여러 가지 저장기술이 개발되었으며, 이러한 저장의 궁극적인 목적은 식중독이나 세균에 의한 감염으로 인한 부패와 변질을 방지하여 식품을 원상태로 일정 기간 유지시키고, 식품 고유의 영양과 풍미를 최적의 조건으로 유지시켜 영양적인 가치를 장기간 보존, 유지시키는 데 있다.

이러한 식품의 저장방법으로는 물리적 방법(냉동냉장법, 건조법, 탈수법, 가열법, 살균 등의 침투법), 화학적 방법(절임법, 산저장법, 가스저장법, 보존제 첨가법), 생물학적 방법, 기타 복합처리 방법 등이 있다.

2 저장시설의 종류

구분		용도	온도	비고
일반창고		문구류, 인쇄물, 소모품		
식자재	건식창고	통조림, 캔류 등		
	냉장창고	과일, 채소, 유제품 등	4~6	- 단기보관 품목
	냉동창고	육류, 수산물 등	-23 ~ -18	- 장기보관 품목 - 종류별 구분 - 밀봉후 보관 - 해동물품 재저장 금지 - 출입문이 두껍다
음자재	Main 창고	맥주, 음료		
	와인창고	레드와인, 양주	13~17	
		화이트와인, 샴페인	2~6	
주방창고		식자재	4~6	
시설창고		시설자재		

3 저장시설의 요건

- 위치는 같은 건물의 같은 층에 검수구역과 조리구역 사이에 가능한 직선 거리로 하여 동선을 단축시킨다.
- 문의 크기는 카트의 출입이 용이하도록 한다.
- 문 안쪽에 경보장치를 설치하여 안에서 열 수 있게 한다.
- 안전을 위해 창문을 없애는 것이 좋으나 부득이한 경우 보호용 창살을 설치하고 직사광선이 차단되도록 한다.

- 온도계, 자동온도조절기, 섭도계, 제습기, 환풍기, 자외선램프, 방충망, 살충제 등을 설치한다.
- 바닥에 파레트를 설치하여 25cm 정도의 공간을 유지하여 통풍 및 청소가 용이하도록 한다.
- 선반은 조절이 쉽도록 조립식으로 설치한다.

4 저장품의 관리원칙

- 모든 물품들은 항상 고정된 위치에 적재한다.
- 종류별, 용도, 사용빈도, 규격, 기능별, 가나다순 또는 알파벳순으로 적재한다.
- 품명, 제조일, 입고일, 원산지 및 중량, 꼬리표 등이 전면에 보이도록 적재한다.
- 뒤에 들어온 물품을 현재 보관 중인 물품의 뒤쪽에 적재한다.
- 적재 후 Bin Card에 품명, 입고날짜, 잔고 등을 기재한다.
- 물품 보관량은 전체 공간의 60% 정도를 유지한다.
- 정기적으로 온도, 습도 및 통풍상태를 점검하고 문여는 횟수를 줄인다. 식음자재는 50~60%의 습도를 유지하여 건조를 방지시키며, 물품 간에는 적당한 공간의 유지로 통풍이 잘 되도록 한다.
- 철저한 유효기간의 관리를 통해 부패나 변질을 예방한다.
- 정기적인 방역 및 방충작업으로 부패나 세균감염을 예방한다.
- 정기적인 청소를 통해 청결을 유지한다.

- 출입 및 입출고 규정을 엄격히 적용한다(철저한 열쇠관리, 관계자 외 출입 제한, 출입시간의 제한)
- 냉동고에 출입할 때는 몸을 보호할 장비를 착용한다.

▲일반창고

▲음료창고

▲냉동창고

3절 재고관리

1 재고관리의 의의

재고(inventory)란 물품의 흐름을 시간적 관점에서 파악한 개념으로서 일정한 시점에 창고에 적재되어 있는 물품을 의미한다. 또한 재고관리란 사용부서에서 필요로 하는 원자재나 부자재 등의 물품을 즉시 제공할 수 있도록 미리 필요한 예상 수요량을 확보하여 이를 최적의 상태로 유지, 관리하는 전반적인 관리활동을 말하며, 해당기업에 가장 적절한 방법으로 재고를 조사하고 적정한 재고회전율을 유지하며 아울러 재고자산을 평가하는 업무 등을 포함한다.

재고관리 관련용어

용 어	해 설
Bin Card	재고관리카드를 말하며 품명, 입출고일자, 재고량, 단가, 규격, 공급처 등을 기재
Par Stock	창고에 보유하고 있어야 할 특정품목의 적정재고량
Lead Time	물품의 조달기간 즉 특정물품이 주문하여 도착할 때까지 걸리는 시간
Slow Moving Item	잘 출고되지 않는 창고 물품
Dead Stock Item	출고되지 않은 창고 물품
Steward Sale	종입들에게 창고 물품을 판매하는 것

기업의 전체 자산 중에서 재고자산이 차지하는 비중은 업종에 따라 다르지만, 우리나라의 경우 평균 20% 정도의 재고자산을 통상 보유하고 있으며, 이들 재고자산을 유지하기 위해서는 상당한 비용이 소요된다.

오늘날 대부분의 기업에서 이처럼 막대한 재고비용을 지출하면서까지 재고자산을 보유하고 있는 이유는 필요한 물품이 적기에 구매되어 최적의 상태로 보관된 후, 필요한 시기에 필요한 수량만큼 생산부서 또는 사용부서에 도달하여 사용됨으로써 기업의 경영관리 차원에서 여러 가지 효익을 가져다 주기 때문이다. 그러나 최근 호텔산업에서는 원자재값 앙등 및 매출 감소로 인한 재정적 어려움을 타개하기 위해 소량 발주 및 분할납품 등의 방법을 통해 재고 물량을 점점 최소화하고 있는 추세에 있다.

2 재고조사의 유형

❶ 장부재고조사법

이 방법은 구매 후 입고되는 물품에 대해 기록을 하는 방법으로, 창고담당자가 창고에 있는 물품을 입 · 출고할 때 물품의 수량을 계속하여 장부에 기록함으로써 남아 있는 물품의 목록과 수량을 파악, 관리함으로써 적정재고량을 유지하는 방법이다.

이 방법은 재고조사를 위해 사용하는 기본적인 방법으로 대량의 재고를 보유하는 업체 등에서 특히 많이 활용한다.

이를 위해 일반적으로 사용되는 방법으로 Bin Card가 있으며, Bin Card는 선반에 부착하여 관리함으로써 물품에 대한 재고현황을 쉽게 파악할 수 있을 뿐만 아니라 특정 물품에 대한 표지판의 역할을 하기도 한다. 이러한 방법은 적절한 재고량을 유지하는데 필요한 정보를 제공하고 특히 어느 시점에서든지 그 때의 재고량과 그에 상응하는 재고자산을 파악할 수 있게 해줌으로써 재고자산의 효율적 통제 및 관리를 가능케 한다.

BIN CARD

DESCRIPTION ______________________ CODE NO ______________

UNIT ____________ MIN. STOCK ________ MAX. STOCK ____________

DATE	REC'D	ISSUED	ON HAND	REMARK	DATE	REC'D	ISSUED	ON HAND	REMARK

PARADISE

이 방법은 입 · 출고할 때마다 현황을 기록한 장부에 근거하여 조사하는 것이므로 별도로 조사시간을 할애할 필요가 없으며, 조사가 비교적 용이하다는 장점이 있으나 서류에 의존하므로 조사결과가 가끔씩 부정확할 수도 있다는 단점이 있다. 오늘날은 이러한 단점을 보완하기 위해 대기업을 중심으로 점차 수작업 대신 컴퓨터를 이용한 전산시스템이 도입되는 추세이다.

❷ 실사재고조사법

이 방법은 장부재고조사법의 단점을 보완하기 위한 것으로 통상 장부재고조사법과 병행하여 실시한다. 이 방법은 정기적으로 창고에 보유하고 있는 물품의 수량과 목록을 직접 확인하여 기록함으로서 재고를 보다 정확히 파악하기 위해 실시하는 방법이다. 일반적으로 회계주기의 최종일 즉, 회계주기가 1개월인 경우에는 가장 마지막 날 보유하고 있는 재고량을 파악하여 그 수량을 기록한다.

실사재고 조사과정에는 보통 창고담장자와 회계담당자가 한 팀을 이루며 한 명은 각 품목의 수량을 확인하고, 다른 한 명은 대장에 기록하는 임무를 맡는다.

재고조사대장에는 품명, 수량, 단가, 규격, 상태 등이 기록되며 보유하고 있는 재고물품에 대한 자산가치를 평가하기 위해서는 해당 기업의 형편에 맞는 평가방법을 사용하여 단가를 산출한다.

실사재고조사법은 보유 재고에 대한 내용을 직접 파악함으로써 재고관리의 정확성을 기할 수 있다는 장점이 있는 반면, 조사시간이 많이 걸린다는 단점도 있다.

이상과 같이 장부재고조사법과 실사재고조사법은 각각 장 · 단점을 갖고 있기 때문에 일반적으로 재고조사를 할 때는 각각의 장점을 취하고 단점을 보완하기 위해 양자를 병행하여 실시하며, 이를 위해 먼저 월별 또는 연별로 재고관리카드의 기재사항에 근거하여 장부재고조사를 실시한 후, 이 결과를 실사재고조사법의 결과와 비교한 후 차이가 날 경우에는 절차에 따라 비용으로 처리를 하여 재고를 일치시키는 방법을 사용하고 있다.

3 재고관리의 기법

(1) 80/20 관리법

80/20 관리기법은 이탈리아의 경제학자 파레토가 발견한 것으로 "원인과 결과, 투입과 산출, 그리고 노력과 보상 사이에는 근본적인 불균형이 있다"는 원칙에 근거하고 있다. 즉 다음의 그림처럼 제품의 종류를 왼편에, 이익의 크기를 오른편에 놓았을 때 제품 중 20%가 이익의 80%를 가져다준 것으로 조사되었다는 것이 80/20의 원칙이며, 투입과 노력은 실제결과에는 거의 영향을 미치지 않는 대부분과 결과에 막대한 영향을 미치는 핵심적 소수로 나누어진다.

따라서 이 방법에 의하면 구매물품 총수량의 20%가 총구매금액의 80% 정도를 차지하므로 이 20%를 차지하고 있는 구매물품을 찾아내어 집중적인 관리를 하고 대신 나머지의 노력은 다른 업무로 돌림으로써 제한된 자원과 노력을 효율적으로 배분할 필요가 있다.

이 기법은 보통 품목별 금액에 큰 차이가 없을 경우에 유용하게 적용될 수 있다.

80/20 관리법의 개요

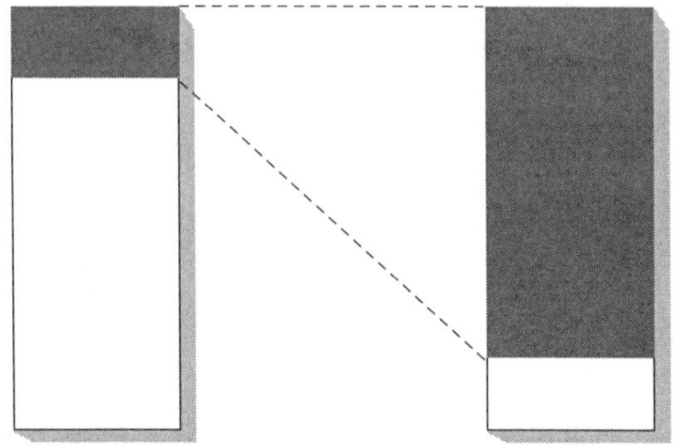

(2) ABC 관리법

이 방법은 관리의 대상을 금액의 크기에 따라 A, B, C 그룹으로 나누고, A 그룹을 최중점 관리대상으로 선정하여 관리 노력함으로써 관리 효과를 높이려는 방법을 의미한다. A형, B형, C형에 속하는 품목들의 종류는 업체의 규모나 형태에 따라 다양하지만 일반적으로 다음과 같다. 이 기법은 보통 품목별로 금액의 편차가 클 때 유용하게 적용할 수 있다.

❶ A형 품목

이 품목들은 사용품목수는 총재고량의 15% 정도를 차지하나, 총 재고금액의 75% 정도를 차지하는 품목들이다. 따라서 이 품목들에 대해서는 철저한 관리가 필요하며, 따라서 필요량을 정확히 산출하여 최소한의 재고가 유지되도록 하며, 또한 부패, 분실, 손망실 등이 최소화되도록 특별히 관리되어야 한다. 주로 고가의 육류나 주류 및 기타 식자재 등이 여기에 속한다.

❷ B형 품목

이 품목들은 사용품목수가 총재고량의 35% 정도이나 총 재고금액의 35% 정도를 차지하며, 다소 가격이 떨어지는 품목들로서 과일이나 채소가 여기에 속한다.

❸ C형 품목

이 품목들은 사용품목수가 총 재고량의 50% 정도를 차지하지만, 총재고금액의 10% 정도를 차지하는 품목으로서 값이 비교적 싸므로 관리측면에서 비교적 주의를 덜 기울여도 되는 품목들이며 밀가루, 설탕, 조미료, 세제 등이 여기에 속한다.

ABC 관리법의 개요

등급	단가수준	품 목	총 재고량	총 재고금액
A	고가품	육류, 고급주류, 샥스핀, 제비집, 건해삼, 자연송이 등	15%	75%
B	중가품	과일, 채소 등	35%	15%
C	저가품	밀가루, 설탕 등	50%	10%

(3) 최대최소관리법

이 기법은 사용기간이나 조달기간이 일정하지 않거나 품절 등 예기치 못한 상황에 대비하여 언제나 적어도 안전재고량 이상의 재고수준은 유지되도록 재고량을 보유, 관리하는 방식이다.

즉 재고량을 안전재고량보다 더 많이 보유하기 위해 재고량이 최소재고량

수준에 이르면 미리 적정량을 주문하고 그 후 일정한 조달시간이 경과하면 재고량이 안전재고량에 도달함과 동시에 주문량이 입고되어 최대재고량이 유지된다. 이때 발주량은 최대재고량에서 안전재고량을 공제한 만큼의 양이다.

이 기법은 고객의 증감변동의 폭이 크거나 물품의 생산 또는 납품이 순조롭지 못할 것으로 예상될 때 유용하게 적용할 수 있다.

최대최소 관리법의 개요

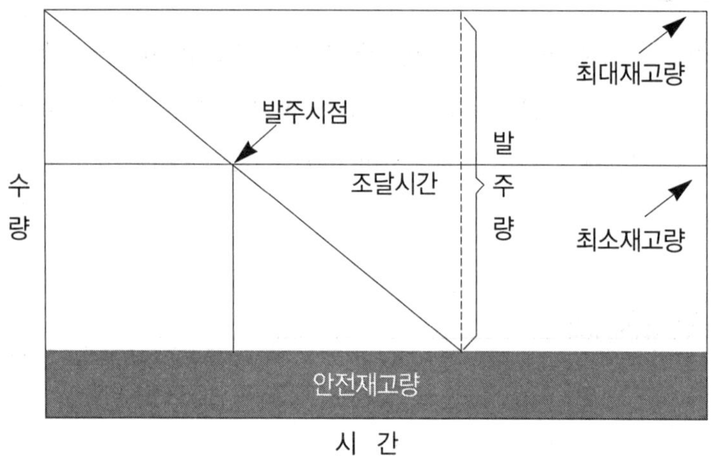

(4) EOQ 관리법

이 기법은 주문비용, 재고유지비용 간의 관계를 이용하여 가장 합리적인 주문량을 결정하는 방법으로, 경제적 발주량이란 총재고비용 즉, 구매비용과 재고유지비용의 합이 최소가 되는 발주량을 의미한다. 이 기법은 계산이 간편하여 비교적 규모가 큰 기업에서 유용하게 사용될 수 있으나, 발주내용, 조달기간 및 구매단가 등이 일정하다는 여러 가지 가정을 전제로 하고 있으므로 수요의 변화가 심한 경우나 전산화가 안되어 있는 경우에는 바람직하지 않다.

경제적 발주량의 산출원리

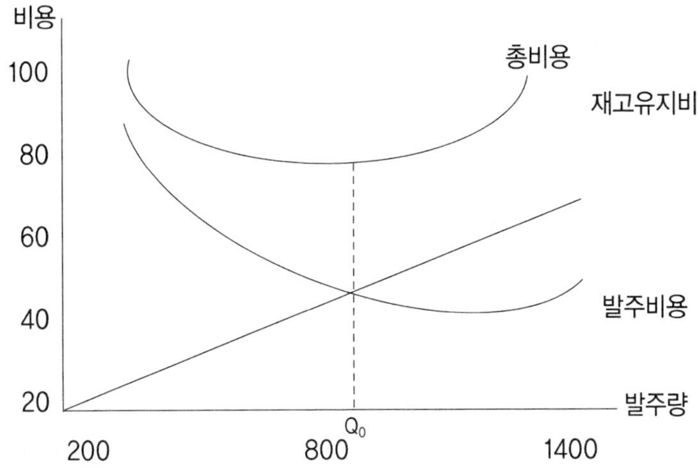

$$\text{경제적 발주량(EOQ)} = \sqrt{\frac{2 \times \text{발주비용} \times \text{연간소요량}}{\text{연간 재고 유지비}}}$$

4 재고회전율

(1) 재고회전율의 의의

재고회전율(inventory turnover)은 일정한 기간 동안 창고에 있는 재고의 사용빈도를 나타내는 수치로서, 통상 물품의 사용횟수나 판매횟수 등을 의미하며 재고의 회전속도라고도 말한다. 재고회전율은 재고량과는 반비례하며 수요량과는 정비례한다.

창고의 재고는 항상 적정재고수준을 유지하여야 바람직하다. 적정재고수준이란 수요를 가장 경제적으로 충족시킬 수 있는 재고량으로 물품공급이 원활한 상태에서의 이상적인 재고보유량은 상품의 특성이나 판매량, 창고의 수용능력 등에 따라 다를 수 있으나 통상 일정 기간 동안의 소비량이나 소비액의 1.5배 수준이다.

재고량이 많으면 재고량이 제로가 될 때까지의 기간이 길어지므로 일정 기간 중의 재고회전율이 감소하고, 재고량이 적으면 그 기간이 짧아지므로 재고회전율이 증가한다. 따라서 재고회전율이 너무 높으면 재고의 고갈을 초래할 위험성이 있으며, 반대로 재고회전율이 너무 낮으면 불필요하게 많은 재고량의 보유로 인해 보관비용이 증가하게 된다.

이처럼 적정재고수준을 유지하지 못하고 재고가 너무 많거나 부족할 경우에는 다음과 같은 문제점이 발생할 우려가 있다.

⊙ 재고회전율이 표준치보다 낮을 때의 문제점

- 재고의 과잉보유로 인한 구매 및 관리비용의 증가
- 저장기간의 증가에 따른 재고의 손망실 초래

● 과다재고로 인한 종업원의 낭비와 부정유출 가능성 증가

⊙ 재고회전율이 표준치보다 높을 때의 문제점

● 재고물품의 고갈로 인한 생산의 지연 및 차질 발생

● 긴급구매로 인한 구매비용의 증가

● 고객만족도 감소 및 종업원의 사기저하

(2) 재고회전율의 계산

재고회전율은 보통 매월 실사재고조사가 행해질 때 산출되며 산출공식은 다음과 같다.

- 월평균재고액 = (월 기초재고금액 + 월 기말재고금액) ÷ 2
- 월매출원가 = 기초재고액 + 당월구매액 - 기말재고액
- 재고회전율 = 총매출원가 ÷ 평균재고액
- 상품회전율 = 매출액 ÷ 평균재고액
- 적정재고량(액) = 목표사용량(매출목표액) ÷ 재고회전율

5 재고자산의 가치평가법

재고품은 재무제표상에 재고자산으로 나타나며, 이것은 월말, 연말 등의 결산시점에 손익계산서의 원가로 반영된다. 만일 물품의 구입원가가 항상 일정하다면 문제가 없으나, 구입시기나 구입처에 따라 가격이 다르기 때문에 다양한 평가방법으로 나눌 수 있다.

따라서 호텔이나 외식업체들은 여러 가지 평가방법 중에서 기업의 특성이나 사용목적에 가장 부합하는 방법을 사용하여 적절한 화폐가치를 부여하여 자산을 평가해야 한다. 일반적으로 재고자산의 평가를 위한 구입단가의 산정기준으로는 원가법, 시가법, 저가법 등이 있다.

재고자산의 평가시 구입단가 산정기준

방법	개 요
원가법	물품의 구매당시의 취득원가를 적용하는 방법
시가법	조사시점에서의 단가, 즉 현행시가로 계산하는 방법
저가법	취득원가와 현행시가 중 낮은 금액으로 계산하는 방법

이상과 같은 산정기준들 중 주로 원가법이 적용하기가 용이하다는 장점 때문에 많이 사용되며 원가법에는 다음과 같은 방법들이 있다.

❶ 실제구매가법

이 방법은 재고물품의 자산가치를 평가함에 있어 실제로 구매한 단가를 적용하여 개별적으로 계산하는 방법이다.

따라서 이 방법을 사용할 경우에는 같은 품목이라도 납품될 때마다 개별적으로 가격을 표시하여야 하며 주로 급식소 등과 같이 재고물량이 적은 소규모업체에서 유용하게 사용할 수 있는 방법이다.

❷ 선입선출법

이 방법은 먼저 구입한 것을 먼저 소비한다는 것을 전제로 하여 재고가격을 결정하는 방법이며, 따라서 기말재고액에는 가장 최근의 구입단가를 적용한다.

이 방법은 시간이 흐름에 따라 가격이 인상될 때나 재고액을 높게 책정하고 싶을 때 활용한다.

❸ 후입선출법

이 방법은 선입선출법과는 반대로 나중에 구입한 것부터 먼저 사용한다는 전제에 계산하는 방법으로 가장 오래된 품목이 재고로 남게 되며, 재무제표의 이익을 최소화시켜 소득세를 줄이기 위한 방편으로 이용되기도 하며, 인플레이션이나 물가상승이 예상될 때에 활용될 수 있다.

❹ 최종구입가법

이 방법은 재고금액을 가장 최근의 구매단가를 일괄적으로 적용하여 평가하는 방법으로 가장 간편하고 신속한 방법이다.

❺ 총평균법

이 방법은 총구매금액을 총구매수량으로 나누어 평균단가를 산출한 후, 이 단가로 재고가치를 계산하는 방법이다.

따라서 이 방법에서는 출고할 때마다 출고수량만을 기록해 두었다가 마감일에 평균단기를 계산한 후, 재고수량에 평균단가를 곱하여 재고금액을 산출하며, 통상 재고물량이 대규모일 때 많이 활용한다.

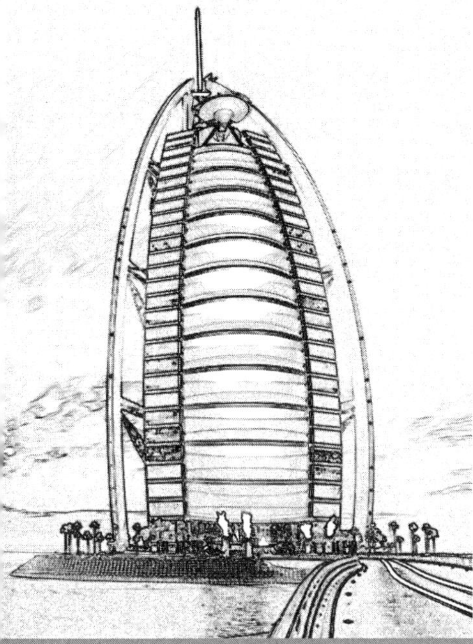

10장 원가관리

1절 원가의 의의

2절 원가의 구성

3절 원가분석 절차

10 장

원가관리

1절 원가의 의의

원가란 재화나 서비스를 생산하는데 소요되는 비용의 화폐적 가치를 말한다. 원가의 종류에는 직접원가, 간접원가, 제조원가, 총원가, 변동원가, 고정원가 등이 있다.

호텔에서의 원가를 계산할 때의 원가의 의미는 식음료를 갖고 고객에게 제공할 상품을 만들 때 소요되는 원가로서 직접원가만을 의미한다. 오늘날 원가 중 인건비의 비중은 점차 낮아지는 반면 재료비의 비중이 점점 커지고 있으며 따라서 경영관리 측면에서 이에 대한 관심이 점점 높아지고 있다.

⊙ 원가관리의 필요성

- 기업의 손익계산 파악(재무제표)
- 이익의 극대화를 통해 경영목표의 효율적인 달성
- 원가상승의 원인분석을 통한 관리방법의 개선
  (구매, 검수, 창고, 주방 등)

- 직원들의 원가의식 고취를 통한 원가절감 실현
- 재료비의 비중 상승

2절 원가의 구성

1 원가의 3요소

원가는 재료비, 노무비, 경비로 구성되며 이를 원가의 3요소라고 한다.

- 재료비 : 생산품의 제조에 소비되는 비용(주요재료비, 부품비, 소모재료비, 포장비 등)
- 노무비 : 생산이나 서비스활동에 직 · 간접으로 종사하는 사람들의 보수(기본급, 제수당, 상여금, 퇴직충당금, 보조작업자의 임금 등)
- 경비 : 재료비와 노무비를 제외한 제반 비용(감가상각비, 복리후생비, 여비, 교통비, 통신비, 보험료, 전력료, 사무경비 등)

2 원가의 구성

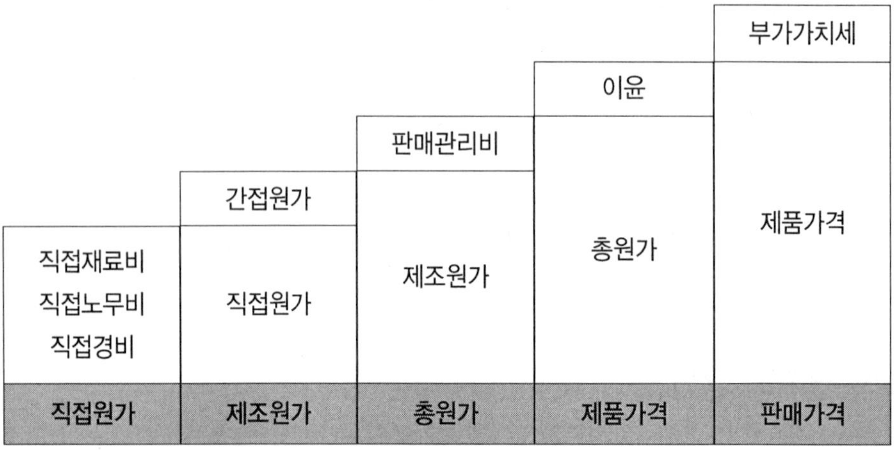

국내 특1급 호텔의 최근 1년간 손익계산서 (단위: 백만원)

구분		금액	소계
매출액	객실	6,554	14,812
	식음료	7,667	
	기타	591	
매출원가	재료비	1,896	12,925
	노무비	6,365	
	경비	4,664	
매출총이익		1,887	
판매관리비		2,203	
영업이익		-316	
영업 외 수익 및 비용		65	
경상이익		-251	
특별이익 및 손실		0	
세전 순이익		-251	
법인세 등		0	
당기순이익		-251	

3절 원가분석 절차

1 원가분석의 의의

원가관리 담당자는 보통 재정팀에 소속되어 있으며, 이들의 업무는 일별, 월별, 연별로 원가분석을 하여 경영활동에 필요한 자료를 제시한다. 원가관리부서의 업무처리의 흐름은 다음과 같다.

원가분석 절차의 흐름

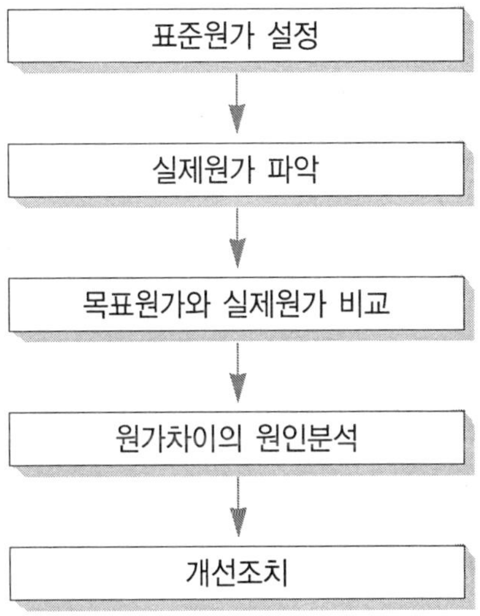

2 원가분석의 절차

원가관리 담당자는 매일 전날에 대한 원가계산을 하며, 이를 위해 일정한 양식이나 컴퓨터를 이용하여 해당일의 날짜를 기록한 다음의 순서대로 업장별 자료를 취합 · 집계한다. 또한 한달 또는 한해가 지나면 원가관리 담당자는 1~2일간에 걸쳐 전달 및 전년도의 식료 및 음료에 대한 원가계산을 같은 순서대로 집계한다. 또한 식료와 음료는 별도로 산출하며 다음은 식료의 경우이다.

① 각 영업장 및 주방의 기초재고액 파악

② Market List에 의한 구매를 통해 해당일에 주방으로 입고된 품목에 대하여 구매금액 집계

③ 식자재창고에서 불출한 물품의 구매금액을 집계

④ 주방에서 음식재료로 사용하기 위해 음료창고에서 불출한 음료의 구매금액 집계(음료창고의 물품청구서에 근거)

⑤ 주방 및 Bar 상호간에 주고받은 식재료의 구매금액 집계(식음재료 이동전표에 근거)

⑥ 각 업장의 기말재고액 조사(실사재고조사)

⑦ 각종 Credit 공제

⑧ 영업장별로 이상의 집계액을 매출액으로 나누어 원가율 산출

⑨ 원가보고서 작성

호텔의 주요 Credit 항목

식 료	음 료
① 종업원의 식사	① 연주자에게 제공되는 음료
② 객실 VIP에게 제공되는 과일 바구니	② 외국인 직원 및 그 가족용 음료
③ 연주자용 식사	③ 창고에서의 자연손실 또는 인위적 손실
④ 새로운 메뉴개발시의 시식	④ 종업원파티에 사용한 음료
⑤ Complimentary로 식사 제공	⑤ 시음에 제공된 음료
⑥ 외국인직원 및 그 가족의 식사	⑥ VIP 또는 판촉목적의 Comp. 음료
⑦ Officer' s Check	⑦ Officer' s Check
	⑧ 조리목적의 음료

원가율(%) = 순매출원가 ÷ 총매출액 × 100

3 메뉴개발을 위한 원가분석

주방에서 새로운 메뉴를 개발하고자 할 경우 원가의 타당성 분석이 필요하며 이를 위해 원가분석 담당자는 원가를 분석한 후 원가율을 계산한다. 이에 대한 절차는 다음과 같다.

① 주방, 업장에서 새로운 메뉴의 개발에 대한 아이디어 제기

② 주방에서 Receipe Card 작성

* Receipe Card 기재사항 : 메뉴명, 재료, 중량(g) 또는 수량

③ 주방, 식음료, 마케팅책임자를 중심으로 시장성을 검토하고 판매가격을 잠정적으로 산정

④ 주방에서 Receipe를 원가관리 담당자에게 제시하여 원가분석을 의뢰

⑤ 원가관리 담당자는 Receipe의 재료에 대하여 총평균법에 의해 구매금액을 산출한 후 제조원가 및 원가율을 제시

⑥ 주방장 및 식음료책임자는 이를 검토, 수정, 보고 후 결정

FBC-6/20

Gyeongju Hilton

식음재료 이동 인수증

INTER- ☐ KITCHEN ☐ BAR TRANSFER

DATE ____________________

FROM ____________________

TO ____________________

FOR ____________________

Q' TY ORDERED	UNIT	ARTICLE & DESCRIPTION	Q'TY OR WT-ISSUED	UNIT COST	AMOUNT
		TOTAL COST			

ORDERED BY   ISSUED BY   RECEIVED BY   HEAD OF DEPT

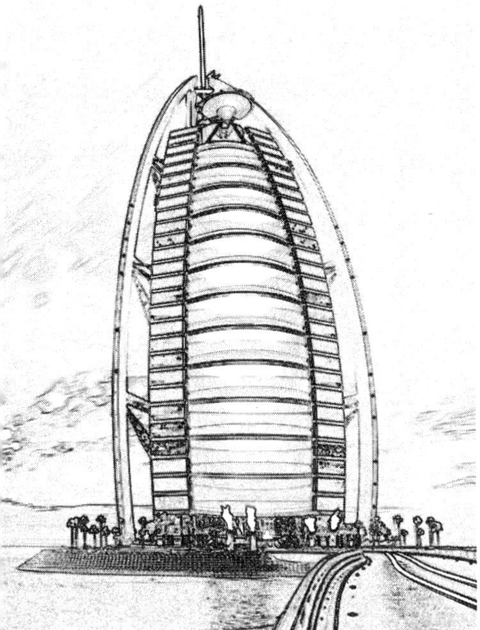

부록

1. 농수산물 유통 및 가격안정에 관한 법률
2. 채소에 대하여
3. 과일의 유통구매
4. 수산물에 대해서
5. 육류에 대해서

부록 1

농수산물 유통 및 가격안정에 관한 법률

제1조 (목적)

이 법은 농수산물의 원활한 유통과 적정한 가격을 유지하게 함으로써 생산자와 소비자의 이익을 보호하고 국민생활의 안정에 이바지함을 목적으로 한다.

제2조 (정의)

이 법에서 사용하는 용어의 정의는 다음과 같다.

1. "농수산물"이라 함은 농산물 · 축산물 및 수산물과 임산물 중 농림부령이 정하는 것을 말한다.
2. "농수산물도매시장"이라 함은 특별시 · 광역시 또는 시가 양곡류 · 청과류 · 회훼류 · 조수육류 · 어류 · 패개류 · 해조류 및 임산물 등 대통령령이 정하는 품목의 전부 또는 일부를 도매하게 하기 위하여 제17조의 규정에 의한 농림부장관이나 해양수산부장관 또는 도지사의 허가를 받아 관할구역에 개설하는 시장을 말한다.
3. "중앙도매시장"이라 함은 특별시 또는 광역시가 개설한 농수산물도매시장 중 당해관할구역 및 그 인접지역의 도매의 중심이 되는 농수산물도매시장으로서 농림부령 또는 해양수산부령이 정하는 것을 말한다.
4. "지방도매시장"이라 함은 중앙도매시장외의 농수산물도매시장을 말한다.

5. "농수산물공판장"이라 함은 지역농업협동조합, 지역축산업협동조합, 품목별 · 업종별협동조합, 임업협동조합 및 수산업협동조합과 그 중앙회(이하 "농림수협 등"이라 한다) 기타 대통령령이 정하는 생산자단체와 공익상 필요하다고 인정되는 법인으로서 대통령령이 정하는 법인(이하 "공익법인"이라 한다)이 농수산물을 도매하기 위하여 제43조의 규정에 의하여 특별시장 · 광역시장 또는 도지사(이하 "시 · 도지사"라 한다)의 승인을 얻어 개설 · 운영하는 사업장을 말한다.
6. "민영농수산물도매시장"이라 함은 국가 · 지방자치단체 및 제5호의 규정에 의한 농수산물공판장을 개설할 수 있는 자외의 자(이하 "민간인 등"이라 한다)가 농수산물을 도매하기 위하여 제47조의 규정에 의하여 시 · 도지사의 허가를 받아 특별시, 광역시 또는 시지역에 개설하는 시장을 말한다.
7. "도매시장법인"이라 함은 제23조의 규정에 의하여 농수산물도매시장의 개설자로부터 지정을 받고 농수산물을 위탁받아 상장하여 도매하거나 이를 매수하여 도매하는 법인(제24조의 규정에 의하여 도매시장법인의 지정을 받은 것으로 보는 공공출자 법인을 포함한다)을 말한다.
8. "시장도매인"이라 함은 제36조 또는 제48조의 규정에 의하여 농수산물도매시장 또는 민영농수산물도매시장의 개설자로부터 지정을 받고 농수산물을 매수 또는 위탁받아 도매하거나 매매를 중개하는 영업을 하는 법인을 말한다.
9. "중도매인"이라 함은 제25조 · 제44조 · 제46조 또는 제48조의 규정에 의하여 농수산물도매시장 · 농수산물공판장 또는 민영농수산물도매시장의 개설자의 허가 또는 지정을 받아 다음 각목의 영업을 하는 자를 말한다.
   가. 농수산물도매시장 · 농수산물공판장 또는 민영농수산물도매시장에 상장된 농수산물을 매수하여 도매하거나 매매를 중개하는 영업

나. 농수산물도매시장 · 농수산물공판장 또는 민영농수산물도매시장의 개설자로부터 허가를 받은 비상장농수산물을 매수 또는 위탁받아 도매하거나 매매를 중개하는 영업

10. "매매참가인"이라 함은 농수산물도매시장 · 농수산물공판장 또는 민영농수산물도매시장에 상장된 농수산물을 직접 매수하는 자로서 중도매인이 아닌 가공업자, 소매업자, 수출업자 및 소비자단체 등 농수산물의 수요자를 말한다.

11. "산지유통인"이라 함은 제29조 · 제44조 · 제46조 또는 제48조의 규정에 의하여 농수산물도매시장 · 농수산물공판장 또는 민영농수산물도매시장의 개설자에게 등록하고, 농수산물을 수집하여 농수산물도매시장 · 농수산물공판장 또는 민영농수산물도매시장에 출하하는 영업을 하는 자를 말한다.

12. "농수산물종합유통센터"라 함은 농수산물의 출하경로를 다원화하고 물류비용을 절감하기 위하여 농수산물의 수집 · 포장 · 가공 · 보관 · 수송 · 판매 및 그 정보처리 등 농수산물의 물류활동에 필요한 시설과 이와 관련된 업무시설을 갖춘 사업장을 말한다.

제3조 (다른 법률의 적용배제)

이 법에 의한 농수산물도매시장(이하 "도매시장"이라 한다) · 농수산물공판장(이하 "공판장"이라 한다) · 민영농수산물도매시장(이하 "민영도매시장"이라 한다) 및 농수산물종합유통센터(이하 "종합유통센터"라 한다)에 대하여는 유통산업발전법의 규정을 적용하지 아니한다.

제17조 (도매시장의 개설 등)

① 도매시장은 대통령령이 정하는 바에 따라 부류별로 또는 2 이상의 부류를 종합하여 중앙도매시장의 경우에는 특별시 또는 광역시가 개설하고, 지방

도매시장의 경우에는 특별시 · 광역시 또는 시가 개설한다.

제20조 (개설자의 의무)

① 도매시장의 개설자는 거래관계자의 편익과 소비자의 보호를 위하여 다음 각호의 사항을 이행하여야 한다.

1. 도매시장시설의 정비 · 개선과 합리적인 관리
2. 경쟁촉진과 공정한 거래질서의 확립 및 환경개선
3. 상품성향상을 위한 규격화, 포장개선 및 선도유지의 촉진

② 도매시장의 개설자는 제1항 각호의 사항을 효과적으로 이행하기 위하여 이에 대한 투자계획 및 거래제도 개선방안 등을 포함한 대책을 수립 · 시행하여야 한다.

제21조 (도매시장의 관리)

① 도매시장의 개설자는 소속공무원으로 구성된 도매시장관리사무소(이하 "관리사무소"라 한다)를 두거나 지방공기업법에 의한 지방공사(이하 "관리공사"라 한다) 또는 제24조의 규정에 의한 공공출자법인을 시장관리자로 지정할 수 있다.

② 도매시장의 개설자는 관리사무소 또는 시장관리자로 하여금 시설물관리, 거래질서유지, 유통종사자의 지도 · 감독 등에 관한 업무범위를 정하여 당해 도매시장 또는 그 개설구역안의 도매시장의 관리업무를 수행하게 할 수 있다.

제22조 (도매시장의 운영)

도매시장의 개설자는 도매시장에 그 시설규모 · 거래액 등을 고려하여 적정수의 도매시장법인 또는 시장도매인을 두어 이를 운영하게 하여야 한다. 다만, 중앙도매시장에는 부류마다 도매시장법인을 두어야 한다.

제25조 (중도매업의 허가)

① 중도매인의 업무를 하고자 하는 자는 부류별로 당해 도매시장의 개설자의 허가를 받아야 한다.

제27조 (경매사의 임면)

① 도매시장법인은 도매시장에서의 공정하고 신속한 거래를 위하여 농림부령 또는 해양수산부령이 정하는 바에 따라 일정수 이상의 경매사를 두어야 한다.

② 경매사는 경매사자격시험에 합격한 자로서 다음 각호의 1에 해당하지 아니한 자 중에서 임면하여야 한다.

제28조 (경매사의 업무 등)

① 경매사는 다음 각호의 업무를 수행한다.

1. 도매시장법인이 상장한 농수산물에 대한 경매우선순위의 결정
2. 도매시장법인이 상장한 농수산물의 가격평가
3. 도매시장법인이 상장한 농수산물의 경락자의 결정

② 경매사는 형법 제129조 내지 제132조의 적용에 있어서는 이를 공무원으로 본다.

제29조 (산지유통인의 등록)

① 농수산물을 수집하여 도매시장에 출하하고자 하는 자는 농림부령 또는 해양수산부령이 정하는 바에 따라 부류별로 도매시장의 개설자에게 등록하여야 한다. 다만, 다음 각호의 1에 해당하는 경우에는 그러하지 아니하다.

1. 생산자단체가 구성원의 생산물을 출하하는 경우
2. 도매시장법인이 제31조제1항 단서의 규정에 의하여 매수한 농수산물을 상장하는 경우

3. 중도매인이 제31조제2항 단서의 규정에 의하여 비상장농수산물을 매매하는 경우
4. 시장도매인이 제37조의 규정에 의하여 매매하는 경우
5. 기타 농림부령 또는 해양수산부령이 정하는 경우

② 도매시장법인, 중도매인 및 이들의 주주 또는 임 · 직원은 당해 도매시장에서 산지유통인의 업무를 하여서는 아니된다.

③ 도매시장의 개설자는 제1항의 등록신청이 있는 때에는 정당한 사유없이 이를 거부하여서는 아니된다.

④ 산지유통인은 등록된 도매시장에서 농수산물의 출하업무외의 판매 · 매수 또는 중개업무를 하여서는 아니된다.

⑤ 도매시장의 개설자는 제1항의 규정에 의하여 등록을 하여야 하는 자가 등록을 하지 아니하고 산지유통인의 업무를 행하는 때에는 도매시장에의 출입의 금지 · 제한 기타 필요한 조치를 할 수 있다.

⑥ 국가 또는 지방자치단체는 산지유통인의 공정한 거래를 촉진하기 위하여 필요한 지원을 할 수 있다.

제32조 (매매방법)

도매시장법인은 도매시장에서 농수산물을 경매 또는 입찰의 방법으로 매매한다. 다만, 다른 도매시장 또는 공판장에서 가격이 결정되어 바로 입하된 농수산물을 상장하여 매매하는 경우 등 농림부령 또는 해양수산부령이 정하는 특별한 사유가 있는 경우에는 정가 또는 수의매매를 할 수 있다.

제43조 (공판장의 개설)

① 농림수협 등 기타 대통령령이 정하는 생산자단체와 공익법인이 공판장을 개설하고자 하는 때에는 제67조제2항의 규정에 의한 기준에 적합한 시설을 갖추고 시 · 도지사의 승인을 얻어야 한다.

② 제19조제2항의 규정은 제1항의 경우에 이를 준용한다.

제44조 (공판장의 거래관계자)

① 공판장에는 중도매인 · 매매참가인 · 산지유통인 및 경매사를 둘 수 있다.

② 공판장의 중도매인은 공판장의 개설자가 지정한다. 이 경우 중도매인의 지정 등에 관하여는 제25조제2항 및 제3항의 규정을 준용한다.

③ 농수산물을 수집하여 공판장에 출하하고자 하는 자는 공판장의 개설자에게 산지유통인으로 등록하여야 한다. 이 경우 산지유통인의 등록 등에 관하여는 제29조제1항 단서 · 제3항 내지 제6항의 규정을 준용한다.

④ 공판장의 경매사는 공판장의 개설자가 임면한다. 이 경우 경매사의 자격기준 및 업무 등에 관하여는 제27조제2항 및 제28조의 규정을 준용한다.

제47조 (민영도매시장의 개설)

① 민간인 등이 특별시, 광역시 또는 시지역에 민영도매시장을 개설하고자 하는 때에는 시 · 도지사의 허가를 받아야 한다.

② 민간인 등이 제1항의 규정에 의하여 민영도매시장의 개설허가를 받고자 하는 때에는 농림부령 또는 해양수산부령이 정하는 바에 따라 민영도매시장 개설허가신청서에 업무규정과 운영관리계획서를 첨부하여 시 · 도지사에게 제출하여야 한다.

리포트 사례

부록 2

채소에 대하여

1 야채의 분류

1) 채소(菜蔬, vegetables)

- 일반적으로 수분이 많다
- 대부분 저장이 곤란한 것
- BUT 산야에서 채집한 비 재배식물
- 즉, 산채(山菜)는 채소에 포함되지 않는다
- 한국에서 재배되고 있는 채소의 종류는 60여 가지
- 중국 – 마늘 · 순무 · 무 · 배추
- 서양 – 셀러리 · 결구상추 · 꽃양배추 · 피망 등

2) 경엽식물(莖葉植物)

- 조직학적으로 뿌리 · 줄기 · 잎의 구별이 확실한 식물의 총칭
- 대개 관다발을 가진 것

● 분류학적으로는 양치식물과 종자식물

● 경엽채류(莖葉菜類)

● 배추 · 양배추 · 상추 · 시금치

● 양파 · 마늘

● 꽃양배추

● 아스파라거스 · 죽순경엽식물 [莖葉植物]

3) 과채류(果菜類)

● 생식기관인 열매를 식용하는 채소

● 대개 일년초로 봄에서 여름에 걸쳐 수확

● 육묘(育苗)하여 본밭에 이식

● 수확까지 많은 시일이 걸림

● 계절에 관계없이 생산(아무 때나 싱싱한 과채류를 맛 볼 수 있다.)

● 오이 · 참외 · 토마토 · 가지 · 잠두 · 완두 · 딸기

4) 근채류(根菜類)

● 뿌리(줄기 포함)를 식용하는 야채의 총칭.

● 근채류는 식용되는 부분이 땅 속에서 발육토질이 수확량과 품질에 큰 영향

· 사질(砂質)의 땅

· 점토

● 뿌리가 비대(肥大)한 것을 이용하는 것

· 직근비대-무 · 당근 · 우엉 등

· 덩이뿌리-고구마 · 참마 등

● 땅속줄기[地下莖]를 이용하는 것

· 감자, 연뿌리, 생강, 토란 등이 포함

● 잎이 변형되어 구상(둥근모양)으로 된 것

· 양파, 염교 등이 포함

2 야채의 종류

1) 양상추(head lettuce)

● 샐러드에 가장 많이 쓰이는 채소

● 비타민과 섬유소는 물론 칼슘, 철분 등 무기질도 풍부

● 고를 때는 먼저 손으로 들었을 때 묵직한 것이 좋다.

● 또 한 잎이 한 장 한 장마다 밝고 선명한 연두색을 띠며 윤기가 나고, 전체적인 모양이 원형에 가까운 게 좋다.

2) 샐러리(celery)

● 단맛과 특유의 향기가 있어 서양 요리에서 아주 다양하게 쓰이는 채소.

● 입맛, 소화와 신장 활동을 촉진

●또한 식이섬유가 풍부 - 변비 예방에도 효과적

●고를 때 -잎이 싱싱, 줄기 색이 밝고 진한 녹색을 띠며 첫째 마디까지의 길이가 20~25㎝ 정도인 것

●손질된 줄기를 구입 -무르지 않은 것

3) 치커리(chicory)

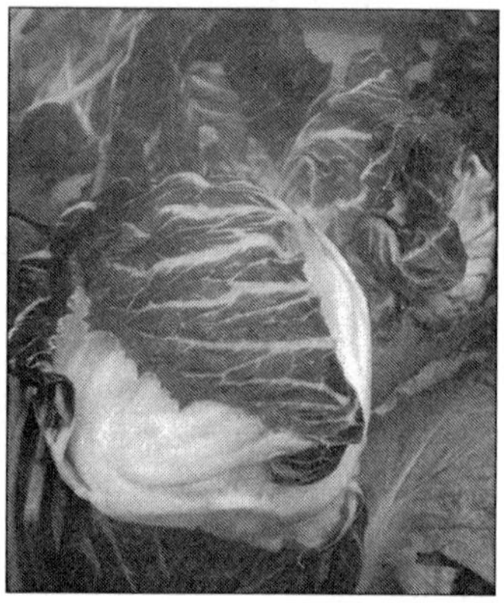

●유럽에서 많이 재배되던 채소

●잎은 샐러드나 쌈

●뿌리는 말려서 커피

●특유의 쓴맛

●그 맛을 내는 성분인 인비틴은 소화 및 입맛 촉진

●고를 때- 치커리는 줄기가 통통하면서 색이 연해야 질기지 않고 탄력이 있어야 싱싱하다.

4) 파프리카(paprica)

●채소 중 비타민 A와 C가 가장 풍부, 신진대사가 활발하다.

●생으로 먹을 경우 - 씹는 맛과 특유의 향, 달콤함

●튀김, 부침, 소박이, 샐러드 등 한식, 양식, 동양식 등 각종 요리에 쓰임

●식욕증진 시각적 요소

● 고를 때 - 색이 선명하고 겉껍질이 들뜨거나 마르지 않은 것이 좋다. 표면은 싱싱한데 꼭지 부분이 말라 있으면 속이 싱싱하지 않을 수 있으니 주의한다.

5) 겨자잎(leaf mustard)

● 잎 주변이 곱슬, 강한 매운맛
● 기름기 있는 고기에 쌈으로 씀.
● 독특한 풍미
● 어독을 줄여주는 성분- 생선회
● 겨자 잎의 종류는 다양하지만 한국에서는 주로 곱슬 겨자
● 고를 때 - 곱슬 거리는 잎 부분이 도톰하고 탄력이 있으며 진한 초록색을 띠고 줄기도 색과 결이 선명하고 깨끗한 것이 좋다.

6) 로메인(romain lettuce)

● Why '로메인' 은 로마인에서 유래됨.
● 비타민 A와 C, 칼슘, 식이섬유가 풍부
● 부드러운 맛
● 일반적으로 샐러드에 많이 사용되지만 한국에서는 쌈채소로 많이 활용함.
● 모양이 예뻐 장식용
● 고를 때 - 잎이 겹겹이 탄력 있게 붙어 있고 들어보았을 때 묵직하고 단단한 것이 좋다.

7) 롤라로사(lolla rossa)

- 붉은색, 오글거리는 모양
- 비타민 A · B · C · E
- 혈액순환 신진대사 촉진
- 독특한 맛이 하지만 향은 강하지 않음.
- 어떤 재료에도 쉽게 어울림
- 잎이 연하고 부드러움
- 고를 때 – 잎이 너무 큰 것보다는 오글오글한 모양이 잘 살아 있는 작은 것들이 좋다 (샐러드용)
- 잎 가장자리 부분이 무르거나 찢어진 것은 피한다

8) 로즈마리(rosemary)

- 유럽 – 장식용 채소
- 국내 – 알려진 지는 얼마 안 되었다.
- 엽록소와 식이섬유가 풍부
- 녹즙 – 유해물질 배설을 촉진
- 근육통이나 관절염에도 효과
- 보통 흰색과 붉은색 두 종류
- 고를 때 – 잎 가장자리의 오글거리는 부분이 탄력 있고 도톰하며 줄기 끝이 무르지 않은 것이 신선한 것이다.

9) 비타민(green vitamin)

- 우리 몸 속 -카로틴 함량 시금치의 2배, 비타민 B1과 B2, 철분, 칼슘
- 1년 내내 쉽게 구입가능
- 맛도 깔끔 - 사용용도높으며, 녹색채소임.
- 고를 때 - 비타민은 잎이 통통하고 탄력 있으며 광택이 있는 진한녹색의 것
- 샐러드용 - 잎이 좀 작은 것이 먹기에 좋다.
- 일반적으로 뿌리가 굵고 잎이 큰 것은 농약을 뿌려 키운 경우가 많다.

10) 비트(beet leaves)

- 잎 - 쌈 또는 샐러드
- 뿌리 - 녹즙
- 잎- 은은한 단맛과 특유의 식감
- 비타민과 무기질은 낮은 반면 당질은 높다.
- 특히, 잎의 사포닌의 함량이 높다.
- 어린이 발육과 성장, 골격 형성에 도움
- 고를 때 - 비트 잎은 줄기가 선명한 색을 띠며 잎이 넓어도 처지지 않고 탄력 있는 것

11) 브로콜리(broccoli)

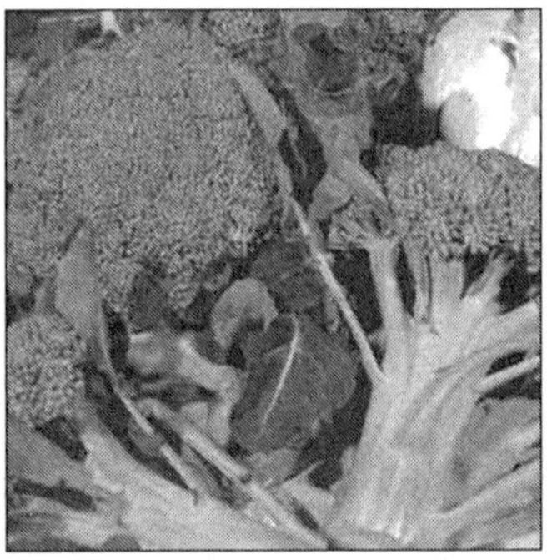

- 지중해 지방(원산지)
- 양배추의 변종
- 비타민 A와 C, 철분이 풍부
- 미네랄이 다량 함유
- 은근한 단맛
- 볶음요리나 샐러드, 그라탱
- 고를 때 - 봉오리가 작고 단단하며 표면이 짙은 녹색이며 황색을 띠지 않은 것을 고른다.

12) 콜리플라워(cauliflower)

- 양배추의 변종
- 겨울~초봄이 가장 맛있다
- 비타민 C가 매우 풍부해서 익혀도 파괴되지 않음.
- 생것은 떫은맛이 너무 강하다.
- 스튜, 카레, 그라탱 등 익힌요리에 적합
- 고를 때 - 줄기와 봉오리가 단단하며 전체적으로 둥글고 생기있는 하얀 것을 고를 것.

3 농산물 유통체계

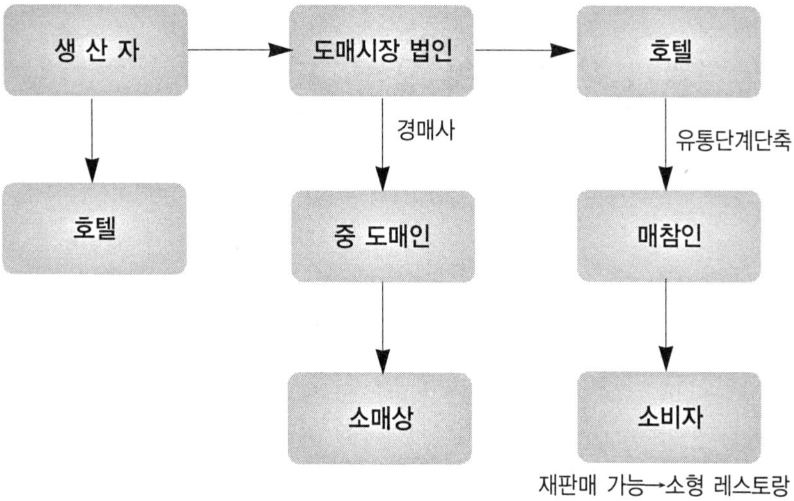

4 앞으로의 과제

- 원재료의 안정적인 기반 조성
- 원료품질 및 유통의 개선
- 유통관리와 보존기간의 연장
- 김치 제조공정, 생산설비의 자동화
- 완벽한 품질관리
- 김치연구와 홍보

부록 3

과일의 유통구매

1 조사방법

조사기간	조사장소	조사대상	조사방법
2006.04.03 ~ 2006.04.17	반여 농수산물시장	과일의 종류 및 가공 유통	견학, 관찰, 인터넷검색

2 과일의 종류

제철과일의 종류

봄	여름	가을	겨울
앵두 딸기 산딸기 토마토	참외 수박 자두 살구	포도 감, 배 복숭아 사과	귤 오렌지

• 장점

-영양소,특히 비타민 C가 많다.
-싱싱하고 색이 좋아 먹음직스럽다.
-맛과 씹는 질감이 좋다
-값이 싸고 많은 양이 생산된다

과일의 분류 (과육 발달 형태에 따라)

인과류	준인과류	핵과류	장과류	견과류
사과 배	감귤류 오렌지 레몬	살구 자두 매실	포도	밤 호두

1) 인과류

씨방 외축 꽃받침의 연장부가 이를 둘러싸고 발달하여 과실의 중요한 부분을 이룬 것이다.

사과

- 수분 85~90%, 펙틴질과 섬유질 1%, 말산 0.5% 내외를 함유하며, 그 밖에 회분, 단백질 등을 소량 함유하고 있으며, 비타민은 과육을 100g중 비타민 A는 60g, 비타민 B는 0.01mg, 비타민 C는 3~8mg 내외 함유한다.
- 원산지 – 남 · 북반구 온대지역
- 수확주기
  - 후지 : 일시에 수확하는 것이 일반적이나 1주일 간격으로 2~3회 걸쳐 수확한다
  - 쓰가루 : 상품성(숙도)에 따라 4~5회 걸쳐 수확한다
- 용도 – 애플파이, 주스, 젤리, 무스, 샤베트, 사과소스(프랑스 야생조류요리)

배

- 배는 80% 이상이 수분이며 뛰어난 영양소나 비탄민류는 많지 않지만 칼슘 함유량이 일본 배는 100g, 중국 배는 140g, 서양 배는 170g으로 많이 들어 있다.

● 원산지 - 중국

● 용도 및 특징 - 과육이 부드럽게 때문에 샤베트, 무스 등에 사용된다. 또한 배에는 전분 분해효소, 단백질 분해효소가 함유되어 불고기를 잴 때나 육회 등에 사용된다. 단백질이 분해되면 아미노산이 만들어져 고기가 연해지고 맛이 좋아진다.

2) 준인과류

씨방이 발육 성장한 것으로 인과류와 다르나, 중심부에 모여 있는 것은 인과와 유사하여 준인과라 한다

감

비타민 A, C가 풍부하고, 포도당과 과당같은 당분이 14%로 높다. 보통 과일과는 달리 신맛을 내는 유기산이 없으며 탄닌산이 떫은 맛을 낸다.

감장아찌, 감식초, 감떡, 감정과, 감잎차 등이 있으며, 잼이나 소스에도 이용한다.

레몬

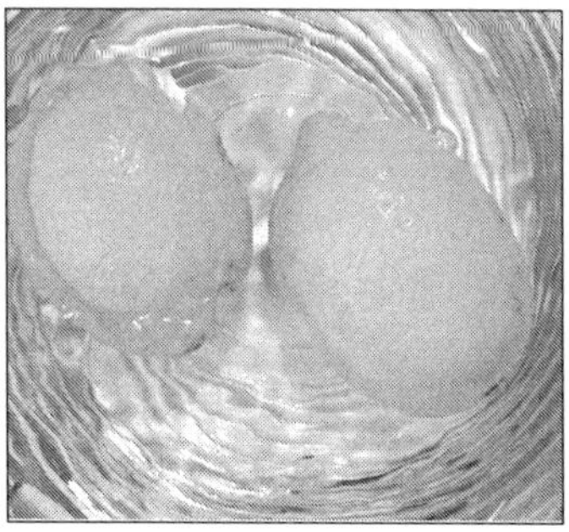

비타민 C와 구연산이 많아 신맛이 강하다. 과피에서 레몬유를 짜서 음료, 향수 및 레모네이드의 원료로 사용한다. 생선의 비린내를 제거할 때 사용한다.

귤

감귤류에는 오렌지, 여름 귤, 네이블, 레몬, 팔삭, 그레이프 후르트, 금귤 등 10여종이 있다. 효능은 겨울 추위에 견딜 수 있게 신진대사를 원활히 하여 체온이 내려가는 것을 막아주고, 겨울철 감기예방에 효과가 있다.

오렌지

당분은 7~11%, 산은 0.7~1.2%로 상쾌한 맛, 비타민 C는 100g중 발렌시아 오렌지에 40mg, 네이블 오렌지에 60mg이 들어 있다. 비타민 A의 효력도 크다.

고기요리에 오렌지의 과즙과 껍질을 사용한 오렌지 소스를 사용한다

3) 핵과류

내과피(內果皮)가 단단한 핵을 이루고 그 속에 씨가 들어 있으며, 중과피가 과육을 이루고 있는 것

살구

열매의 약 90%가 과육이며, 주요 성분은 당분이다. 유기산은 시트르산, 사과산 등이 1~2% 들어 있고, 무기질은 칼륨이 59%로 가

장 많이 들어 있다. 또한 비타민 A, B, C가 함유되어 있다.

건과, 잼, 통조림, 음료

종자 - 기름, 약

자두

당분이 약 10%, 산은 주로 말산이며, 신맛은 강하고 비타민은 적다.

주스, 잼, 샤베트 등에 사용한다

매실

과육이 약 80%인데,그 중에서 약 85%가 수분, 당질이 10%이다. 비타민, 유기산이 풍부. 알칼리성 식품으로 피로회복에 좋고, 해독작용이 뛰어나 배탈이나, 식중독 등을 치료하는데 도움이 된다.

보통 술을 담가 먹으며, 매실장아찌, 매실절임, 잼, 주스 등을 만든다

4) 장과류

과실은 중과피와 내과피가 유연하고, 즙이 많은 육질로 구성되어 있다

포도

포도당과 과당이 12~18%, 산은 0.3~1.2%로 주석산이 많은 것이 특징이다. 쉽게 소화흡수되어 피로회복에 큰 도움을 준다.

주스, 젤리, 샤베트, 잼, 제과 원료로 사용한다.

5) 견과류

외과피가 단단하게 되고, 식용부위는 곡류나 두류처럼 종실을 가식부로 한다.

밤

주성분은 당질이 40%로 가장 많고, 이 중 50%는 전분이며, 단백질의 함량은 약 3%로서 알부민이 들어 있고, 무기질은 K, P, Ca 등이 있으며, 비타민 A, B, C도 함유한다. 영양가는 곡류와 비슷하나 소량의 탄닌도 함유되어 있다.

각종 과자와, 빵, 떡 등의 재료로 쓰이며, 유럽에서는 밤과자인 마롱글라세를 만드는 데 많이 쓰인다.

6) 열대과일

파인애플

신맛의 80%는 구연산 때문이며, 비타민 C와 칼슘이 조금 함유되어 있다.

주스, 잼, 케익, 디저트류, 소스 등에 사용한다.

바나나

탄수화물이 25%이고, 비타민 A와 C가 풍부하며, 100g당 92kcal의 열량을 갖는다. 잎자루에서는 섬유를 얻고, 잎의 점액에서는 검은색 염료를 채취한다.

주스, 아이스크림, 무스, 샐러드 등에 사용한다

망고스틴

향기가 있고 새콤달콤하며 열매 중의 여왕이라고 할 정도로 맛이 뛰어나다.

재배가 어려워 제한된 지방에서만 자라녀 쉽게 까먹을 수 있게 손질하여 나오면 가공하지 않고 먹는다

코코넛

코코스야자는 말레이제도가 원산지로 열대와 아열대지방에 퍼졌있으며, 열대지방에서는 중요한 경제식물로 그 용도가 다양하다.

파파야

원산지는 열대 아메리카, 남부에서만 생산되는 열대과일로 수분이 많고 달며 비타민 A와 C가 풍부하다. 아기 이유식과 임산부가 모유를 잘내기위해 먹는데 스리랑카여성들은 피임제로도 쓴다.

아보카도

멕시코가 원산지로 14종의 비타민, 17종의 미네랄, 단백질을 함유하고 있다. 영양가 높은 과일지방이 20%나 되지만 콜레스테롤은 없는 건강식이며 얇게 저며 샐러드에 섞기도 하고 참치 회, 초밥과 찰떡궁합이다

3 과일의 특성, 가공법

1) 수확 후 변화

(1) 호흡작용

추수 직후에는 산소흡입과 이산화탄소 생성률이 전환기에 도달할 때까지 증가한다. 그 후에는 감퇴기가 오므로 호흡률이 일정하게 감소한다.

(2) 수분함량

미숙한 과일은 수분공급은 없고 수분의 손실만이 생기므로 추수 후 곧 낮은 온도에서 저장하면 수분손실을 줄일 수 있다.

(3) 탄수화물

미숙한 과일은 주로 전분을 함유하여 단맛을 주는 가용성 당은 적게 함유한다.그러나 성숙하면 전분이 당으로 전환되어 전분은 감소하고 당이 증가한다.

(4) 펙틴물질

펙틴질은 과실이나 야채류의 세포막이나 세포막 사이에 결착물질로 존재하면서 조직이나 가공품의 품질에 영향을 주는 다당류 품질이다.

(5) 섬유소

섬유소 반성유소는 저장 중 서서히 감소힌다.

(6) 유기산

보통 과일은 당보다 유기산이 호흡작용에 의해 소비되므로 저장 중 당의 변화는 크지 않으나 신맛이 감소하기 때문에 단맛이 커지는 것 같이 느껴진다.

(7) 후숙

수확하기 전 미숙 과실이 점점 익어가면서 우선 단맛이 증가하고 신맛이 감소하는 등 여러 가지 성분변화가 일어난다. 만약 미숙한 채로 과실을 수확하여 일정한 온도조건에서 후숙시키면 완숙과실에 가까운 상태로 되는데 이 조작을 후숙 또는 추숙이라 한다.

과일은 수확 후에도 조직이 살아 있어 호흡작용이 계속되어 대사반응도 어느 정도 계속 진행된다. 이와 같이 수확 후에도 계속 진행되는 생리현상을 후숙이라고 한다.

2) 변색 및 억제방법

과일을 자르거나 껍질을 벗겨 공기 중에 방치하면 절단면의 색이 변하는데 이것을 갈변반응이라 한다.

(1) 효소적 갈변

효소에 의한 갈변은 감자, 고구마, 가지, 우엉, 버섯, 사과, 배, 복숭아, 감 등의 채소나 과일의 식물조직에 있어서 상처받은 면이 공기에 접촉되어 일어나는 현상으로, 이러한 반응은 phenol 혹은 polyphenol의 효소에 의한 산화이며 이것에 관여하는 효소는 phenol oxidase, polyphenoloxidase 등이다.

(2) 효소에 의한 변색 방지법

❶ 항산화제 첨가 : 복숭아를 얼려서 저장할 때 항산화제로서 비타민 C를 첨가하면 변색을 방지하고 향기를 보존할 수 있다.

❷ 가열처리 : 효소는 단백질로 구성되어 있어 열에 약하므로 가열하면 쉽게 불활성화 된다.

❸ 설탕첨가 : 산소와의 직접적인 접촉을 피하고 또 식품 중에 들어 있는 산화제의 활동을 억제한다.

❹ 파인애플주스와 레몬주스에 담근다 : 파인애플은 활발한 항산화제인 sulfhydryl 화합물이 들어 있고, 레몬주스는 구연산과 ascorbic acid이 들어 있기 때문이다.

3) 조리 및 가공법

(1) 과일을 이용한 조리

❶ 질감의 변화 : 과일은 물을 가하고 가열하면 섬유소는 연화되고, 세포막은 변성되며 투과성을 잃는다.

❷ 조직의 변화 : 삶아진 과일은 그 독특한 질감을 상실하게 되므로 조직은 더욱 연하게 된다. 이는 세포 간에 견고히 부착되어 있는 불용성인 protopectin이 가열에 의해서 용해성 pectin으로 전환되기 때문이다.

❸ 색의 변화 : 색이 변화하는 요인은 과육 내에 함유되어 있는 유기산과 조리수의 알칼리도, 그리고 무기질 등에 의한 반응 때문이다.

❹ 향미의 변화 : 과일의 향미성분은 주로 당과 휘발성인 유기산과 그 easter이다. 과일은 너무 오래 가열하면 과일 자체가 지니고 있는 향미를 잃게 된다.

❺ 영양가의 변화 : 과일을 조리할 때에 열과 산화에 약한 비타민 C는 영향을 많이 받는다. 그러므로 과일의 조리시간을 단축하면 영양가의 손실을 최소화할 수가 있다.

(2) 과일류의 가공방법

❶ 젤리 형성 : 펙틴분자는 적합한 조건하에서는 분자끼리 서로 결합하여 입체적인 망상구조를 만들고, 그 내부에 물을 함유하며 젤(gel)을 만들기 때문에 이 원리를 이용하여 과일의 잼, 젤리를 만든다.

❷ 주스, 통조림, 과일주, 식초, 건조과일의 원료로 사용한다

4 과일의 유통과정

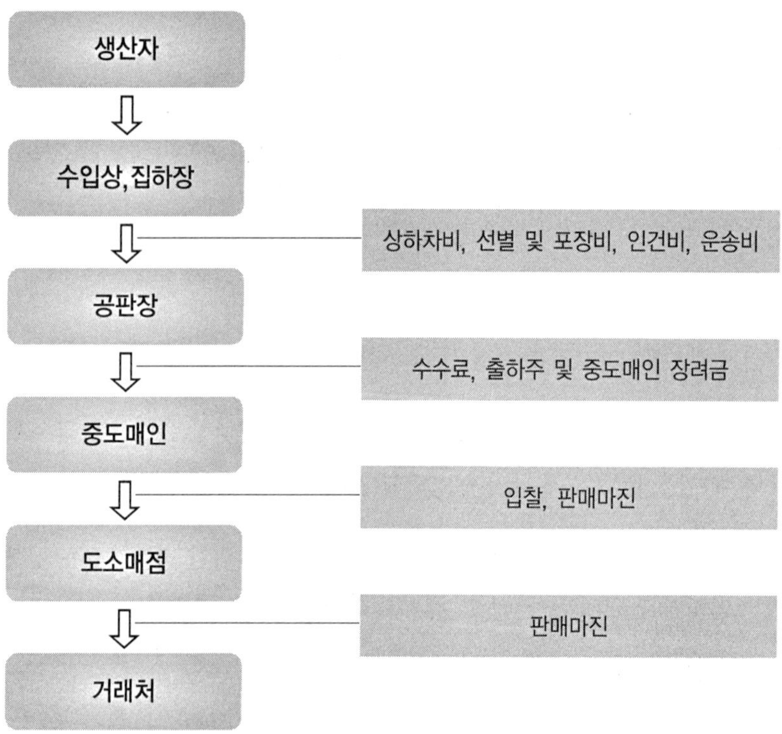

부록 4 수산물에 대해서

1 수산물 유통 특성

강한 부패, 변질성 → 저장, 가공업 발달 · 강한 부패, 변질성 → 시간, 공간, 이동상 제약가격 비탄력성, 생산 불확실성 → 다단계 유통자연환경 의존 → 수급 조절 난이

2 국내 수산물 종류, 요리

해삼

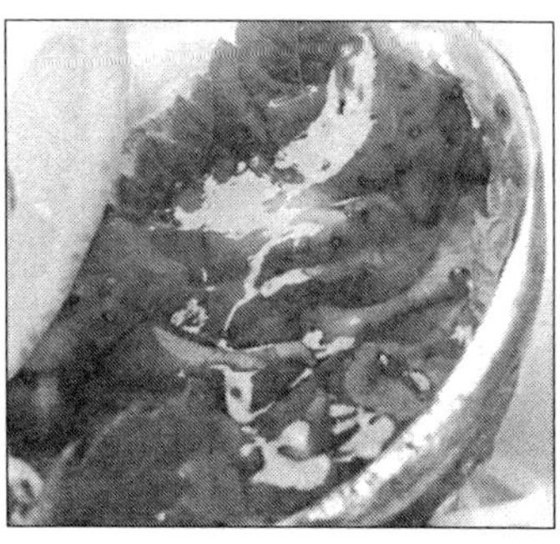

- 분류 : 극피동물 해삼상
- 생활방식 : 부유 또는 바다 밑 생활
- 크기 : 10 ~ 300cm
- 색 : 밤색 또는 갈색 얼룩
- 생식 : 유성생식 (난생)

● 모양 : 앞 뒤로 긴 연통 모양, 여러개의 혹 모양 돌기

● 분포지역 : 전 세계

● 요리 : 해삼볶음, 해삼 새우찜, 해삼초회

전복

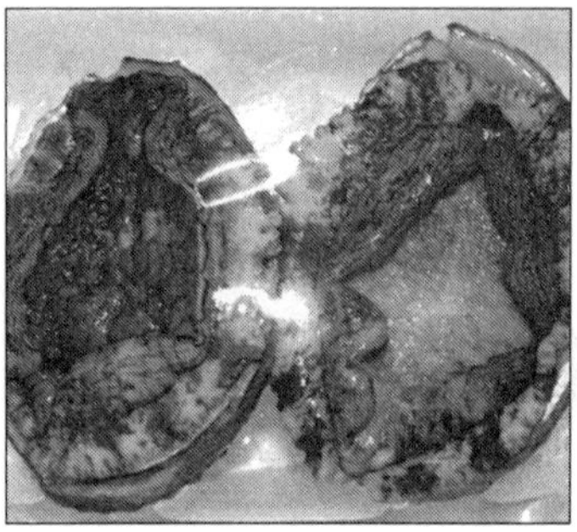

● 분류 : 원시복족목 전복과

● 크기 : 껍데기 길이 10cm 이상

● 색 : 각피 흑갈색

● 패각 : 타원형

● 생식 : 자웅이체, 난생

● 서식장소 : 수심 5 ~ 50m 정도의 암초

● 분포지역 : 국내 전 연안

● 요리 : 전복조림, 전복탕

새우

● 분류 : 십각목 장미아목

● 종수 : 약 2,500여종

● 생활방식 : 무리생활, 저서생활, 공생, 야행성

● 부속지수 : 10개 (가슴다리)

● 생식 : 난생

● 서식장소 : 담수, 기수, 바다

● 분포지역 : 전 세계

● 요리 : 새우초밥, 새우튀김, 새우 소금구이

복어(참복)

- 분류 : 복어목 참복과
- 생활방식 : 계절 회유
- 크기 : 암컷 30cm, 수컷 27cm 이상(성어)
- 체색 : 등쪽 – 어두운 갈색, 배쪽 – 흰색
- 산란시기 : 3~4월
- 서식장소 : 바다
- 분포지역 : 동중국해, 일본 북해도 이남, 국내 연근해
- 요리 : 복지리, 복매운탕, 복어찜, 복어회

광어(넙치)

- 분류 : 가자미목 넙치과
- 생활방식 : 남북 회유
- 크기 : 최대 몸길이 85cm
- 체색 : 눈쪽 – 황갈색바탕, 눈 없는 쪽 – 흰색
- 산란시기 : 2~6월
- 서식장소 : 대륙붕 주변의 모래 바닥
- 분포지역 : 남/동 중국해, 일본 남부, 국내 연근해
- 요리 : 광어회

도미(감성돔)

- 분류 : 농어목 도미과
- 생활방식 : 성전환, 경계심이 많음
- 크기 : 몸길이 약 40cm
- 채색 : 등쪽 – 회갈색, 배쪽 – 연한색
- 산란시기 : 4~6월
- 서식장소 : 수심이 얕고 해조류가 있는 모래질, 암초연안
- 분포지역 : 국내 중부 이남, 일본, 중국
- 요리 : 감성돔회, 감성돔지리, 도미찜, 도미전골

농어

- 분류 : 농어목 농어과
- 생활방식 : 봄, 여름 – 내만의 얕은 곳, 겨울 – 수심 깊은 곳
- 크기 : 몸길이 약 1m
- 채색 : 등쪽 – 푸른색, 배쪽 – 은백색
- 산란시기 : 11~4월
- 서식장소 : 연안, 만입구의 수심 50~80m
- 분포지역 : 동중국해, 타이완, 일본, 국내 연근해
- 요리 : 농어회, 농어찜, 농어지리

3 해외 수산물 종류, 요리

상어 지느러미

- 홍콩에서 샥스핀으로 가공된 상어 지느러미를 수입

참치(참다랑어)

- 분류 : 농어목 고등어과
- 생활방식 : 해수면 바로 아래서 헤엄침
- 크기 : 최대 몸길이 3m, 몸무게 약 560kg
- 채색 : 등쪽 – 짙은 푸른색, 배쪽 – 은회색
- 서식장소 : 연안
- 분포지역 : 태평양, 대서양, 인도양의 열대, 온대, 아한
- 요리 : 참치초밥, 참치회

바다가재

- 분류 : 갑각강 십각목
- 생활방식 : 저서생활, 야행성
- 크기 : 몸길이 15~60cm
- 부속지수 : 10개 (가슴다리)
- 생식 : 난생
- 서식장소 : 연근해 바다 밑
- 분포지역 : 태평양, 인도양, 대서양 연근해
- 요리 : 바다가재찜, 바다가재튀김, 바다가재구이

4 수산물 주문과정

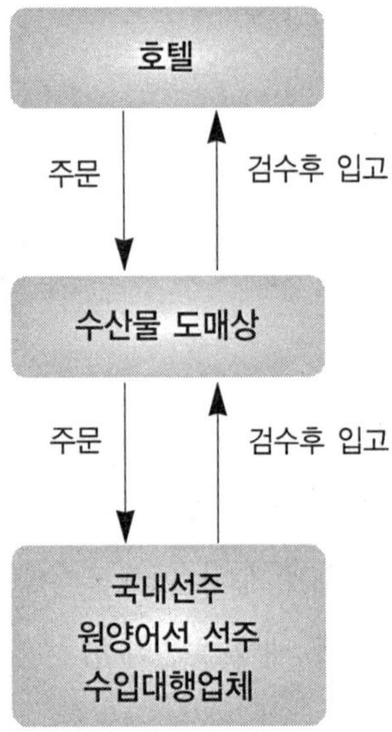

5 수산물 보관, 저장

❶ 새우, 참치는 -40℃ 이하의 초저온 냉동고에 보관, 저장(가공품)

감자말이 새우

❷ 샥스핀, 꽃게, 낙지, 가리비 등은 -20℃ 저온 냉동고에 보관, 저장(가공품)

말아놓은 샥스핀

❸ 해삼은 서늘한 곳에 보관, 저장(가공품)

❹ 활어, 전복, 바다가재는 수족관에 보관, 저장

❺ 요리에 따라 재료의 보관, 저장 방법 변경

예) 새우초밥의 새우는 수족관 보관, 저장

6 수산물 유통과정

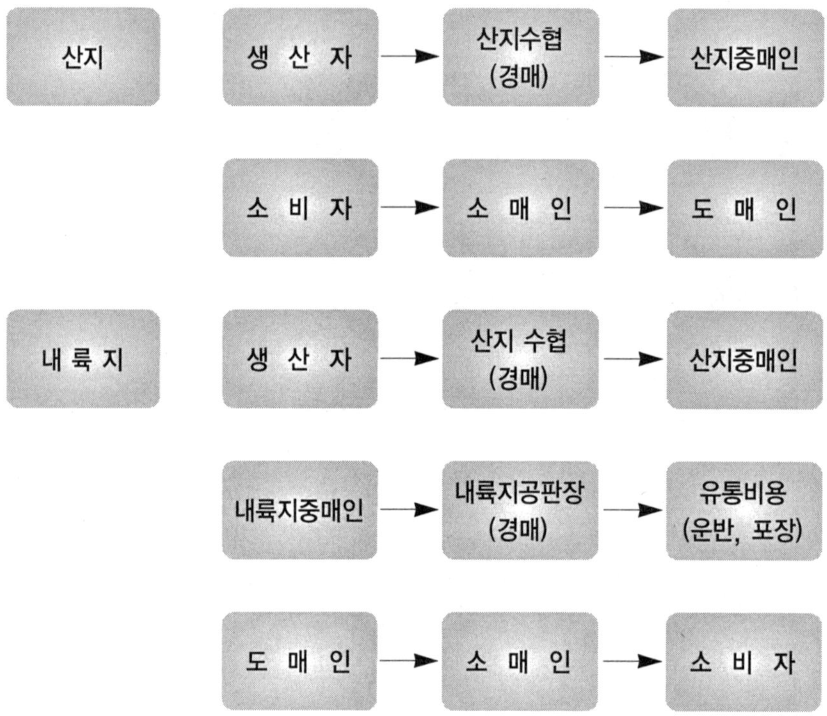
산지
생 산 자
산지수협 (경매)
산지중매인
소 비 자
소 매 인
도 매 인
내 륙 지
생 산 자
산지 수협 (경매)
산지중매인
내륙지중매인
내륙지공판장 (경매)
유통비용 (운반, 포장)
도 매 인
소 매 인
소 비 자

부록 5

육류에 대해서

1 육류의종류

1) 쇠고기

- 성질이 평(平)하여 쌀과 같이 주식(主食)으로 삼을 수 있음.
- 몸이 찬 사람이나 병후의 허약자에 최고의 음식으로 꼽힘.

2) 돼지고기

- 성질이 약간 차며 몸이 허한 상태를 보충하는 식품.
- 몸이 뜨거운 양인(陽人)에게 좋다.

2 육류의 부위

1) 쇠고기

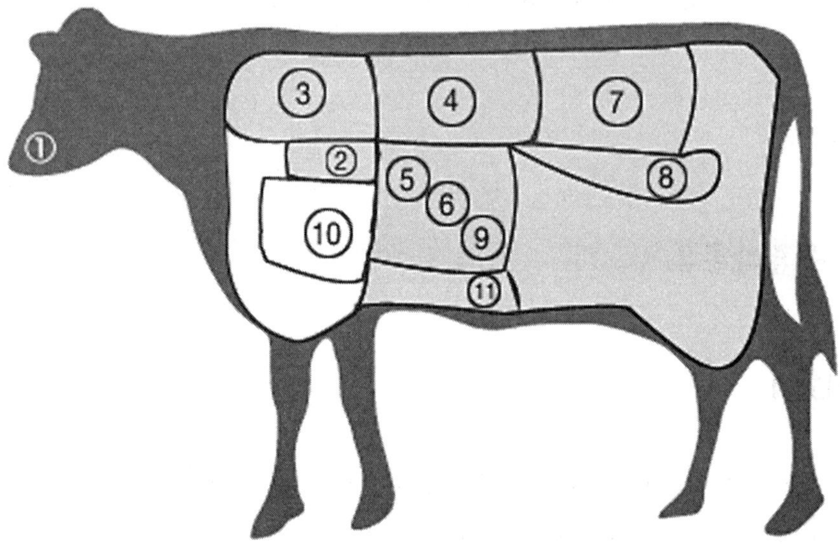

❶ 혀 ❷ 살치살 ❸ 알목심

❹ 알등심, 꽃등심 ❺ 뼈없는 갈비 ❻ 갈비

❼ 채끝 ❽ 안심 ❾ 늑간살

❿ 앞갈비 ⓫ 정선삼겹양지

※ 부산물 : 양지머리, 천엽, 토시살, 안창살, 간, 대장

2) 돼지고기

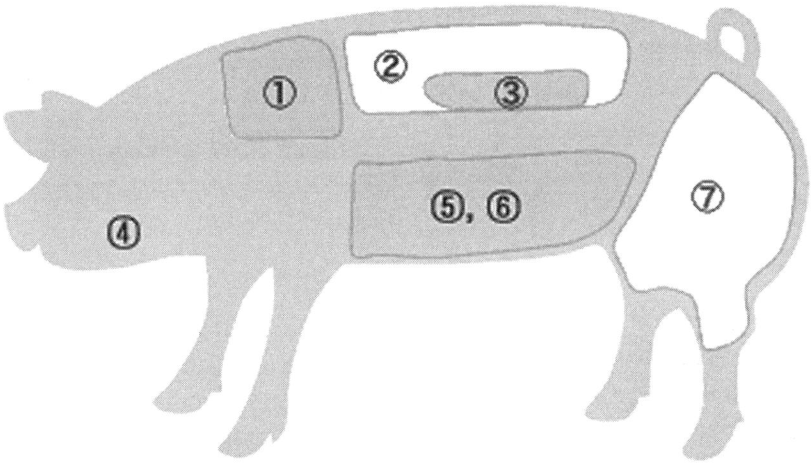

❶ 목살 ❷ 등심 ❸ 안심

❹ 항정살 ❺ 스페어립 ❻ 삼겹살

❼ 뒷다리살

3 육류의 등급

1) 품질등급

- 근내 지방도,
- 성숙도, 육색
- 근육의 탄력도 등

품질등급마크

2) 수율등급

- 등지방 두께
- 갈비심단 면적
- 체강내 지방
- 온도 체중량 등

수율등급마크

3) 쇠고기 등급

한국

- 육질에 따른 1++A, 1, 2, 3 등 4개 등급을 조합해 표시.
- 육량 등급에 따른 A, B, C 등 3개 등급
- 표시순서 = 육질 → 육량

미국

- 품질등급은 프라임, 초이스, 셀렉트, 스탠다드, 커머셜,
- 유틸리티, 커터, 캐너의 8개 등급으로 나뉨.
- 수율등급은 1, 2, 3, 4, 5의 5개 등급으로 나뉨.

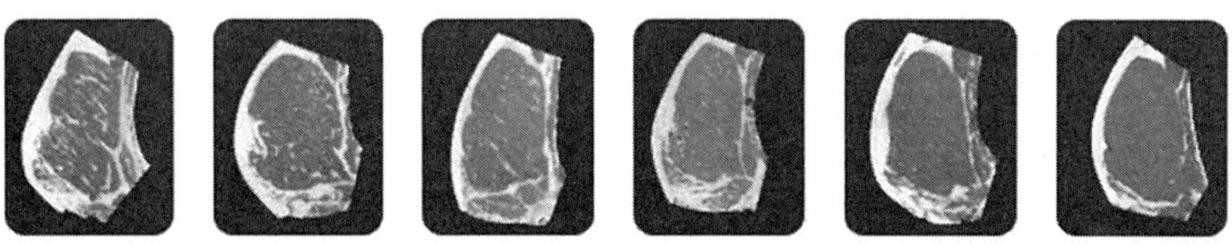

Moderately Abundant 적당히 풍부	Slightly Abundant 약간 풍부	Moderately 적 당	Modest 보 통	Small 소 량	Slight 약 간

4) 돼지고기 등급

한국

- 종전 육량 위주 등급인 A, B, C, D
- 육질에 따른 1+, 1, 2, 3 등급

미국

- 품질검사 자율사항이므로 각 도축가공회사들이 자체적으로 비용을 지불 → 등급판정.

❶ 억셉터블(Acceptable)

US No.1, US No.2, US No.3, US No.4

❷ 유틸리티(Utility)로 나뉨

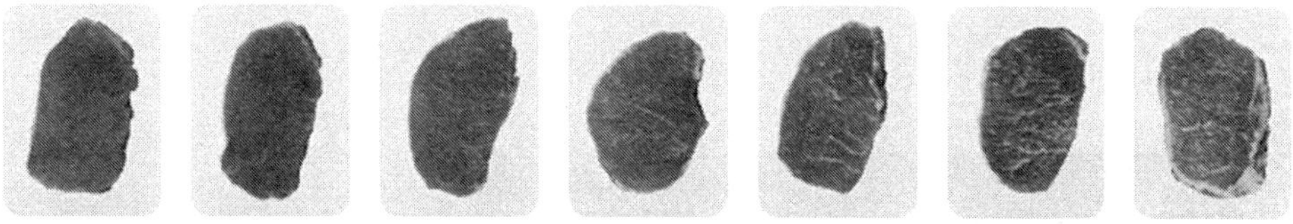

Marbling Standard 1.0 | Marbling Standard 2.0 | Marbling Standard 3.0 | Marbling Standard 4.0 | Marbling Standard 5.0 | Marbling Standard 6.0 | Marbling Standard 10.0

4 호텔에 쓰이는 육류

1) 쇠고기

우둔

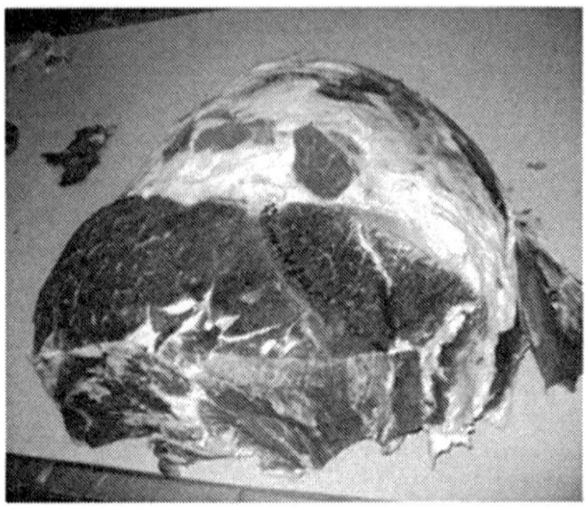

◀엉덩이살 → 육회, 육포

치마양지

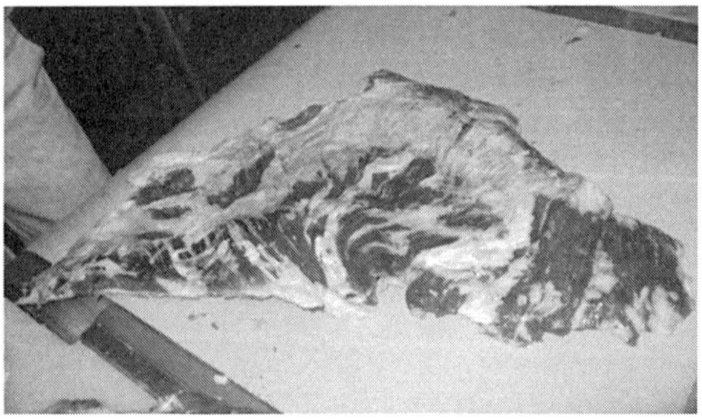

◀육회 or 구이용

채끝살

◀스테이크용

등 심

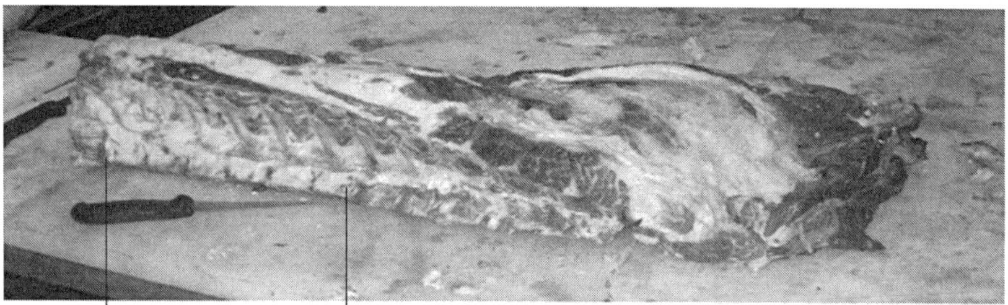

▲립아이용 = 꽃등심 → 스테이크

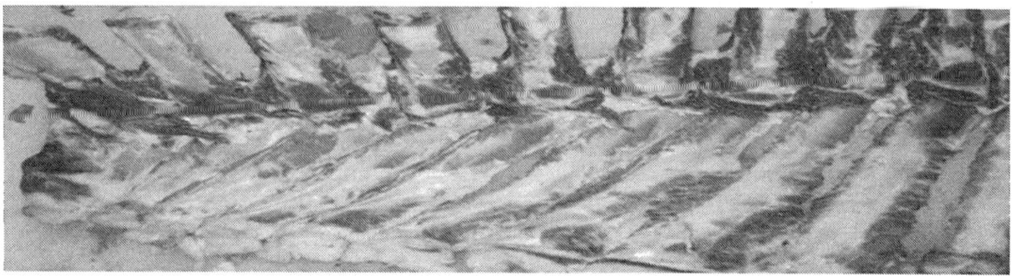

▲살을 뜯어낸 후

지육

갈비살

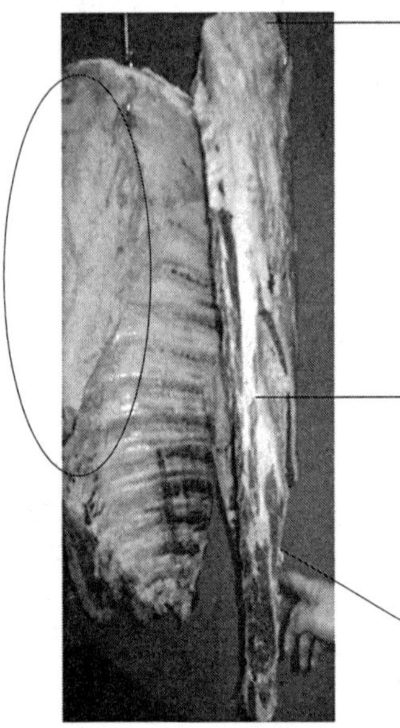

2) 돼지고기

돼지 한마리

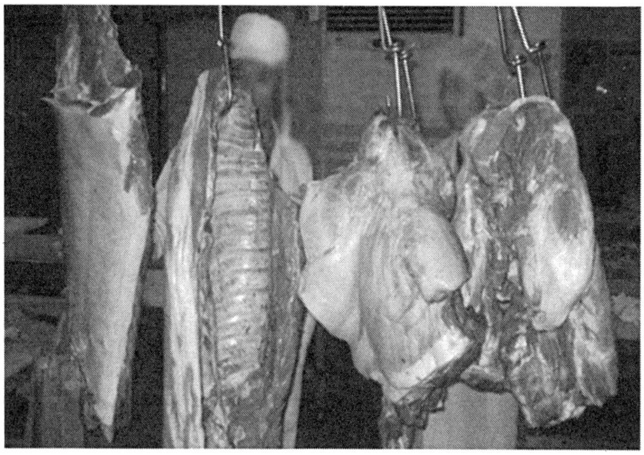

앞다리 살

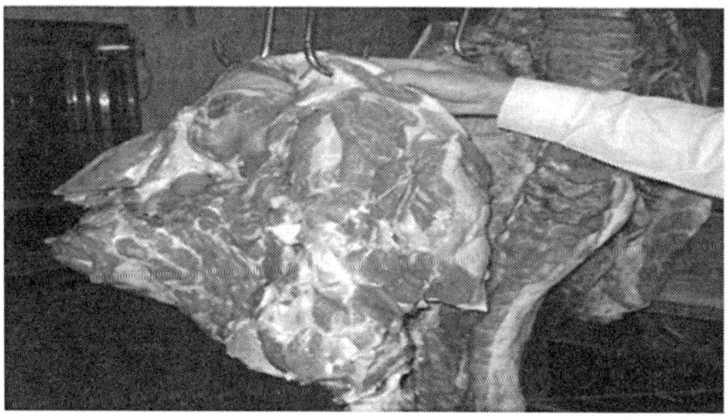

안심

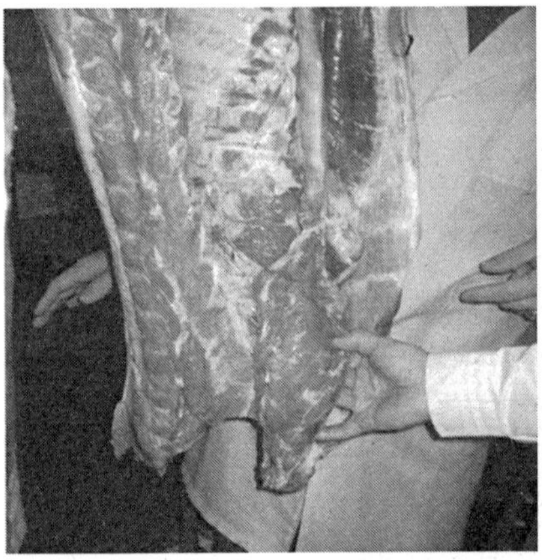

삼겹살

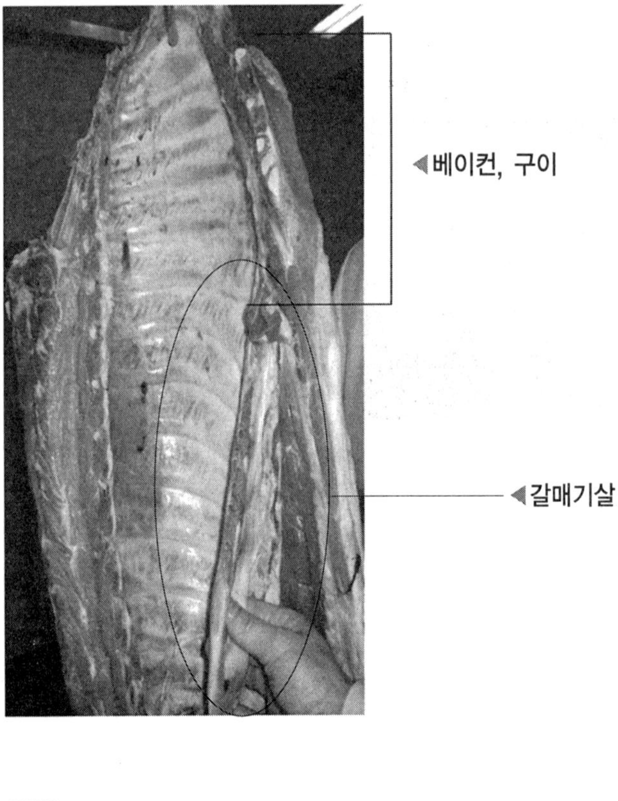

사태

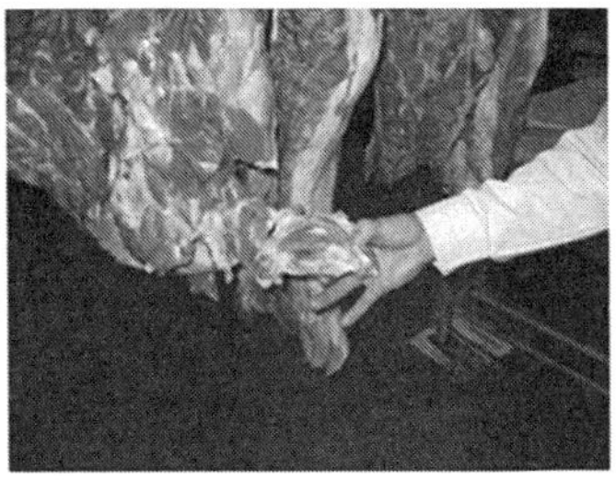

▲보쌈, 오향장육

뒷다리

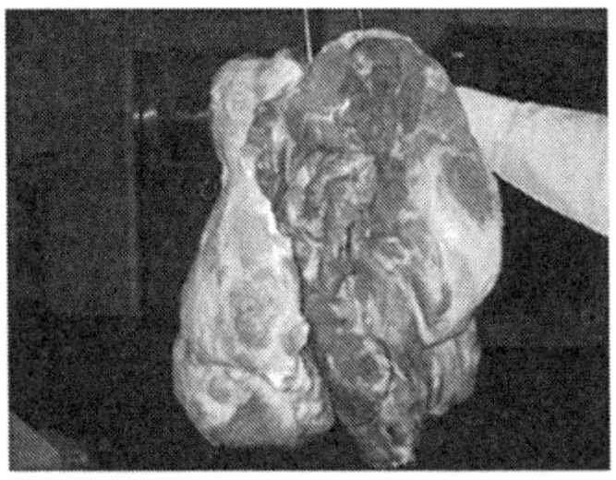

목살

참/고/문/헌

김성영 외. 『마케팅론』 한국방송통신대학교출판부. 2004.

박운성. 『현대구매관리』 박영사. 1997.

양일선. 『식품구매』 수학사. 2004

이진영. 『현대식품구매론』 효일문화사. 1997.

정영도 외. 『식품조리재료학』 지구문화사. 2000.

추욱호 외. 『구매조달관리』 청구. 2004.

한명규. 『최신식품학』 형설출판사. 2000.

홍기운 외. 『최신식품구매론』 대왕사. 2003.

Andrew Hale Feinstein & John M. Stefanelli. "Purchasing: Selection and Procurement for the Hospitality Industry". John Wiley and Sons. 2005.

Jack D. Ninemeier. "Planning and Control for Food and Beverage Operations". 1986.

www.kamis.co.kr

인/덱/스

ABC 관리법/190

Bin Card/177, 178

Chain형/113

Credit 항목/205

Daily 식자재/121

Dead Stock Item/185

EBM 모델/32

EKB 모델/32

EOQ 관리법/192

FF & E/121

Fresh/169

Frozen/169

Green Card 제도/29

Invoice/156

ISM/19

Lead Time/185

lease/13

Linen류/121

Live/169

Local형/113

logistics/13

Market List/143

Meat Tag/167

NAPM/15

Operating Equipment/132

Par Stock/185

Receipe Card/205

Reorder Point

Slow Moving Item/185

Social Project

Steward Sale/185

Ware류/121

80/20 관리법/189

ㄱ

가격/37, 38

가치평가법/195

개찰/87

거래명세표/139, 141

건조식품/121

검수/13, 113, 115

검수시간/154

검수시설/154

검수장비/155

견적서/115, 136, 137

경매사/63

경비/76, 92

경상이익/202

경쟁입찰/86

경제성/68

계산서/160

계약/134, 139

계약보증금/90

계약절차/87
계약체결/85, 88, 89
계획성/67
고려상품군/84
공고/87
공급관리협회/19
공동구매/78
공영도매시장/60
공정가격/39
과일/165
관여도/34
구매/12, 13
구매 대행인/14
구매관리/12, 14
구매신청서/116
구매후 부조화/36
구매후 행동/36
구전/36
국가계약법/87
규격화/57
기대가격 범위/41

ㄴ

낙찰/63
납기관리/139
납품/116
내적 탐색/34
노무비/22
농수산물/48

ㄷ

단가계약/143
단일견적방법/86
당기순이익/202
대금 지급/116, 141
대리도매상/52
대안의 평가/34
도매상/50
도매시장/48
도매시장 개설자/62
도매시장법인/63
동기/33

ㄹ

루이스/15
리스/79

ㅁ

마케도니아/16
만족/36
매매참가인/65
매출총이익/202
무점포소매업/53
문구류/121
문헌조사/69
물류/13
물품검수/115
물품청구서/204
미국 구매관리협회/15
민영도매시장/60

ㅂ

발주/74
발췌검수/164
방문조사/69
백화점/44, 53
법률행위/84
법인세/202
복수견적방법/86
분산구매/75
불만족/36
불일치/51
비용절감/23

ㅅ

사례조사/70
산지/59
산지시장/59
산지유통인/63
상인도매상/52
상품성/57
서류검수/156
선도/164
선입선출법/196
세금계산서/141, 159
세전순이익/202
소매상/53
소매시장/59
소모품/75
소액현금전표/134
수산물/59
수시구매/76
수용가능가격 범위/41
수의계약/86
순매출원가/205
슈퍼마켓/53
시가법/196
시장/12, 22
시장가격/38
시장구매/78
시장동향 조사/68
시장조사/66
식음자재/121, 177
식자재/116, 121
식품/122, 180
신념/35
실사재고조사법/188
실제구매가법/196
실제원가/203

ㅇ

아웃소싱/24
알렉산더/16
업체조사/68
영선자재/121
영업이익/202
예산통제/132
예측구매/77
외적 탐색/34
욕구/33
원가/18, 112
원가법/196
원가분석/116, 203

원가율/204, 205
원유파동/20
원자재/18
유니폼/121
유보가격/41
유사도매시장/48
유제품/121
유지보수계약/121
유통/44
유통경로/38, 46
유통경로 조사/69
유통마진/58
유통마진율/58
유통비용/57
유해물질/27
육류/125
윤리경영/117
의사표시/84
이윤/19, 22, 58
인쇄물/121
인스턴트식품/121
인터넷조사/70
일반경쟁계약/86
일반법정도매시장/60
일반자재/121
임의적 기재사항/159
입고절차/177
입찰/63, 84
입찰보증금/88

ㅈ

자재관리/13
잡자재/121
장부재고조사법/186
재고관리/116
재고회전율/185
재료비/200, 201
저가법/197
저장관리/176
적시성/67
전략적 기능/18
전문점/53
전수검수/163
전자상거래/20
정가가격/38
정기구매/77
정보의 탐색/34
정확성/68
제조업자 영업점/52
제조원가/66
제품가격/202
조달/176, 191, 192
주류 및 음료/121
준거가격/41
중간상인/50, 51
중도매인/63, 65
중수처리설비/29
지명경쟁계약/86
지체상금/90
직접원가/200, 202
집중구매/74

ㅊ

채권/84, 85
채무/84
채소/164
총매출액/205
총비용/193
총원가/200, 202
총평균법/197
최대최소관리법/191
최저수용가격/41
최종구입가법/197
출고절차/177
친환경/27

ㅌ

태도/120
통조림식품/121
투명성/113
특별이익/202

ㅍ

판매/13, 38
판매관리비/202
페니키아/14
편의점/53
평가기준/35
표준원가/203
표준화/24
품목별 조사/68
품질관리/18
필수적 기재사항/159

ㅎ

하자담보/108
하자보수보증금/90
할인가격/39
할인점/37
해제/85
해지/85
현장검수/164
협정가격/38
혼합형/112
화훼류/121
환경친화제품/28
환기상품군/34
효율성/26

저/자/소/개

●박대환

성심외국어대학 영어과 졸업
광주대학교 경상대학 무역학과 (경영학 학사)
세종대학교 경영대학원 호텔경영학과 (경영학 석사)
경남대학교 대학원 경영학과 서비스마케팅전공(경영학 박사)
미국 플로리다국제대학교(Florida International University) 호텔관광대학 교환교수
부산웨스틴조선호텔 20년간 근무(당직지배인, 구매과장, 객실부장, 영업총괄 부총지배인)
경상남도의회 자문위원(관광분야)
경남발전연구원 비상임 연구원
부산광역시 관광호텔 등급심사위원
부산광역시 관광협회 관광종사원 면접위원
울산광역시 관광편의시설업지정 심사위원
한국관광공사 통역안내원 면접위원
영산대학교 호텔관광학부장, 행정처장, 입학처장, 사무처장
영산대학교 호텔관광대학 호텔경영학과 교수(현재)

●공기열

연세대학교 행정학과 졸업(행정학 학사)
경주대학교 대학원 관광경영학과 졸업(경영학 석사)
계명대학교 대학원 관광경영학과 졸업(경영학 박사)
서울롯데호텔 인사부, 구매부, 부대사업부
서울힐튼호텔 인사과장, 판촉과장, 홍보실장
경주힐튼호텔 구매부장
경주관광호텔 총지배인
동서대학교 국제관계학부 교수
성심외국어대학 호텔경영과 교수
영산대학교 호텔관광대학 교수

호텔외식 구매관리론

2007년 1월 15일 초　판 발행
2021년 7월 31일 1판 7쇄 발행

저　자 박대환 · 공기열
발행인 한 인 환
발행처 도서출판 **기 문 사**
등　록 1978. 8. 9. NO. 6-0637
주　소 서울시 동대문구 안암로 50-1(용두동) 홍신빌딩 3층
전　화 02) 2265-7214/922-8662~8663
팩　스 02) 922-8772

homepage : www.kimoonsa.co.kr
e-mail : book@kimoonsa.co.kr

ISBN : 978-89-7723-281-3 93590

저자와의 협의하에 인지생략

정가 : 15,000원